APRENDIZAJE

PROFUNDO

CON PYTHON

*La guía definitiva para principiantes
para aprender aprendizaje profundo
con Python Paso a paso*

TABLA DE CONTENIDO

CAPÍTULO 12: CONCLUSION Y RECONOCIMIENTO.....156

CAPÍTULO 1

INTRODUCCIÓN BÁSICA AL LENGUAJE DE PROGRAMACIÓN PYTHON

Introducción

Empezar a escribir líneas de códigos puede ser una experiencia muy difícil. Una vez que un principiante mira las líneas de códigos que consisten en un grupo de expresiones y términos, es probable que se asuste. Sin embargo, el lenguaje de programación Python hará que su experiencia se vuelva más dulce en la escritura de códigos y se convierta en un profesional en un corto período de tiempo.

Creo que esta no es tu primera interacción con la computadora. Si usted es un usuario diario de un ordenador, entonces usted debe haber interactuado con muchos programas que le ayudan a realizar varias tareas en el ordenador. Los programas pueden estar simulando un entorno o incluso automatización de tareas en el equipo. Por ejemplo, si desea realizar tareas como contar el número de apariciones de palabras en un archivo o un documento de Word, necesitará un pequeño programa para hacerlo. También es posible que desee buscar una palabra específica en un documento y eliminarla o reemplazarla. Todas estas operaciones requieren un programa adecuado para realizar cualquier acción específica que necesite.

Con el fin de realizar todas las acciones de una manera sencilla, el lenguaje de programación Python es la mejor opción para que usted aprenda e implemente. Este es un lenguaje que es muy fácil de usar y fácilmente disponible en los sistemas operativos accesibles como Mac OS, Windows y UNIX. Es un lenguaje de programación real que te ayudará a programar con mucha facilidad, desarrollar estructuras de soporte para programas más grandes y también eliminar los errores rápidamente en comparación con otros lenguajes de programación. También es importante tener en cuenta que se encuentra entre los principales lenguajes de muy alto niveles que tienen varias características como;

- Tipos de datos integrados de alto nivel

- Matrices muy flexibles

- Diccionarios muy flexibles

Antes de profundizar en este lenguaje de programación, muchas personas pueden preguntar por qué el programa fue nombrado después de reptil.

¿Por qué se llama como un reptil?

Es importante tener en cuenta que nunca fue nombrado en honor a Python, el animal de reptiles como muchos de nosotros asumimos. Fue nombrado después del espectáculo "Monty Python's Flying Circus". La breve historia de este lenguaje de programación es que se implementó cuando el inventor Guido van Rossum estaba leyendo el guión publicado de esa serie de comedia. Guido estaba buscando un misterioso, corto y un nombre único y por lo tanto decidió nombrar el lenguaje de programación como "Python".

Breve historia del lenguaje de programación Python

El programa fue desarrollado en diciembre de 1989 por Guido van Rossum. La pasión y afición de Guido era escribir y aprender nuevos códigos que estaban disponibles durante su tiempo. Está documentado que desarrolló el lenguaje de programación python mientras interactuaba y aprendía el lenguaje de programación ABC.

El programa fue desarrollado durante la era del desarrollo de computadoras personales. El objetivo principal de Guido era hacer que las cosas complejas se hicieran fáciles de usar. Además, se centró en hacer que muchas plataformas sean compatibles, así como en comunicar varias bibliotecas y múltiples formatos de archivo. Como resultado del desarrollo de estas características, el lenguaje de programación Python se hizo muy popular en el mercado porque la gente quería entender y utilizar el ordenador de una manera sencilla.

A lo largo de los años, Guido decidió hacer que el lenguaje de programación sea de código abierto. Esto se convirtió en una mayor oportunidad para que el público ayudara en el desarrollo de la lengua. En el año 2000, la versión de Python 2.0 fue lanzada y lanzada, que se convirtió en muy basada en la comunidad y transparente en términos de desarrollo. En el año 2008, la versión de Python 3.0 también fue lanzada que retrató un cambio único en el lenguaje de programación. Estos cambios fueron acompañados de grandes características y compatibilidad con los nuevos sistemas operativos avanzados. Sin embargo, limitó al usuario a tomar decisiones entre la versión 2.0 y las versiones 3.0.

En resumen, dado que el lenguaje de programación estaba abierto-de origen, esperamos una gran cantidad de avances y desarrollos en el lenguaje que hará que sea simple y más fácil de usar en los próximos años.

Características del lenguaje de programación Python

El lenguaje de programación Python tiene un sinfín de funciones avanzadas que hacen que su experiencia de programación sea más espléndida. Por ejemplo, le permite dividir su problema más grande en tareas más pequeñas conocidas como "Módulos" con el finde resolverlos rápidamente. Además, los módulos son universales en el lenguaje que también se pueden utilizar para resolver otros problemas en el idioma. Por otro lado, el lenguaje de programación también ofrece módulos estándar que puede utilizar como esqueletos básicos del desarrollo de sus propios módulos. Ejemplos de estos módulos estándar incluyen; interfaces GUI, llamadas al sistema y archivos Entrada/salida.

Este lenguaje de programación fue diseñado para ser interpretativo. Esto significa que no requiere ninguna compilación y vinculación de códigos en comparación con otros lenguajes de programación. Esta característica ayuda al programador a ahorrar mucho tiempo durante el proceso de desarrollo del programa. El diseño del lenguaje de programación también ayuda al programador a interactuar libremente con los programas de una manera que él o ella puede llegar a escribir códigos simples, probar las funciones de los códigos y ejecutar el programa de manera eficiente. Esta característica hace que este lenguaje de programación se compare con una "calculadora de escritorio práctica".

Hace que su programa sea fácil de escribir y revisar. En comparación con otros lenguajes de programación, escribir y leer los programas en Python es fácil y muy compacto. Las siguientes son razones simples que nos permiten lograr esta característica;

- Los programas escritos no requieren variables, argumentos y declaraciones.

- Los tipos de datos de alto nivel integrados nos permiten escribir operaciones muy complejas en una sola y sencilla instrucción.

- No hay usos de corchetes de apertura y cierre, ya que la agrupación de instrucciones se logra mediante la sangría de las instrucciones.

El lenguaje de programación Python <u>es muy extensible.</u> Esto significa que es muy fácil y barato vincular programas en   Python. En otras palabras, vincular un módulo o una función integrada al intérprete se puede hacer a una velocidad muy alta. Esto se logra generalmente por las operaciones críticas que operan en los formatos binarios. En el otro extremo, una vez que te conviertas en un profesional en este idioma podrás vincular programas al intérprete y utilizarlo como extensión a otros lenguajes de programación como el lenguaje de programación C. Los programas vinculados también se pueden utilizar como comandos cuando se extienden a otros lenguajes de programación.

Los lenguajes de programación Python <u>están equipados con bibliotecas avanzadas.</u> Dado que ha existido durante más de dos décadas, el lenguaje es abierto para fines de desarrollo adicional por parte del público. En otras palabras, el programa Python está disponible libremente para fines de uso personal y desarrollo. En este caso, las bibliotecas Python también están fácilmente disponibles y pueden ayudarle a codificar o reutilizar el código como una extensión en otro lenguaje de programación . Esto hace que el programa esté fácilmente disponible para la manipulación pública.

Por último, el lenguaje de programación python <u>es un lenguaje basado en </u>la comunidad. Como resultado de ser un lenguaje de programación popular, el lenguaje se ha convertido en una parte de la comunidad. Además, la comunidad que usa este lenguaje es muy grande. Esto facilita a los usuarios del idioma interactuar y aprender unos de otros mediante el uso de talleres, conferencias e incluso redes. Esto ayuda a difundir y difundir nuevas ideas y avances que ocurren en el lenguaje de programación. También hay otras plataformas como sitios web que existen en el mundo de Internet que pueden ayudarle a aprender mucho de personal experimentado.

Ventajas del lenguaje de programación Python

Este es uno de los mejores idiomas que puedes elegir para comenzar a aprender y al final tener una carrera exitosa en él. Sé que vas a tener una experiencia muy agradable en este lenguaje de programación porque tiene las siguientes ventajas;

i. *Fácil y fácil de usar, escribir y leer*

Como se mencionó anteriormente, las líneas de códigos en Python utilizan la sangría de estilo en comparación con toneladas de aberturas y el cierre de corchetes. Como principiante, esto no tiene nada que asustarte, sino para animarte porque ya vamos a lidiar con actividades de programación sencillas no como otros lenguajes. En otras palabras, los caracteres especiales utilizados en Python son tan mínimos que puedes mirar una página de código y no sentirte intimidado o abrumado.

Además, el lenguaje de programación utiliza los espacios en blanco que facilitan al programador la corrección de los códigos que ha escrito. Esto hace que el espacio de programación sea muy ordenado y fácil de seguir. En resumen, es el mejor lenguaje de programación para usar y empezar como principiante.

6

ii. *Inglés is el idioma principal*

Este lenguaje de programación utiliza el inglés para escribir códigos. No sólo utiliza el inglés como idioma de operación, sino que también utiliza el inglés simple para expresiones y módulos. Este no es un programa que va a seguir adelante y empezar a utilizar el diccionario para interpretar, pero es un programa que tiene esa estructura básica de comandos simples Inglés . En otras palabras, Guido decidió escribir el programa en inglés para que pueda extenderse por todo el mundo sólo para hacer que el mundo de la computadora se vuelva muy simple. El programa también acomoda simples tensos y frases que deberían darle una mejor idea de lo que hace cada línea de código. Apuesto a que realmente disfrutarás usando este lenguaje de programación.

iii. *Incorporado en algunos sistemas operativos*

Esto simplemente significa que cuando usted compra e instala sistemas operativos como Ubuntu y macOS ,la plataforma Python viene como una versión ya precargada. Esto requiere que el programador descargue o instale el intérprete de texto para comenzar en el proceso de programación de Python. En otros sistemas operativos como Windows, es bastante fácil de descargar e instalar en sólo unos pocos pasos. En resumen, python es un lenguaje de programación muy compatible que se conecta con casi todos los sistemas operativos existentes. Sin embargo, cuando el programa Python no se ha instalado correctamente no funcionará como se espera. Por lo tanto, la única precaución que se debe llevar a cabo para descargar e instalar el programa estrictamente como se recomienda en su manual.

iv. *Altamente compatible con otros lenguajes de programación*

Como se menciona en la parte introductoria, un módulo en el lenguaje de programación Pthon se puede utilizar como una extensión en otro lenguaje de programación. Además, a medida que crece en lenguaje python, puede decidir vincular su programa Python con una función de otro lenguaje de programación y llegar a lograr operaciones complejas. Esta característica es muy posible en el lenguaje de programación Python y por lo tanto le permite desarrollar programas muy complejos en el mundo moderno.

v. *Capacidad para probar mediante el uso de intérprete de texto*

El intérprete es el que descargamos o instalamos durante la instalación del programa Python. El objetivo principal del intérprete es permitir que Python lea las líneas de códigos fácilmente. Después de equiparse con un intérprete de texto adecuado, significa que está listo para comenzar a escribir líneas de códigos. Para el caso del lenguaje de programación Python, es muy fácil comenzar a codificar ya que tomará en las palabras y probar para usted mientras usted todavía continúa codificando. Esto permite al programador ser capaz de probar las piezas de códigos a medida que continúa formulando otros códigos.

vi. *Requiere poco tiempo para aprender*

Dado que es un lenguaje muy simple, se vuelve relativamente simple para un principiante para aprender. Puedo recomendar que sea el primer idioma que una persona debe aprender cuando se trata de habilidades de programación. esto se debe a que construye un concepto de esqueleto en el que se pueden adjuntar otros idiomas como carne. En otras palabras, maximiza el uso de sintaxis fácil y líneas de código relativamente más cortas en comparación con otros lenguajes de programación.

En resumen, hay otros muchos beneficios de usar este lenguaje que descubrirás por tu cuenta cuando comiences a estudiarlo cuidadosamente. Es un tipo impresionante de lenguaje de programación que te fascinará mientras te encuentras con él.

El lado negativo del lenguaje de programación Python

Mientras que aquí hay muchas razones para amar y adorar el Python, el lenguaje de programación tiene algunos lados más débiles para cuidado. Las limitaciones de Python incluyen;

i. *Relativamente más lento que otros lenguajes de programación*

Si usted está considerando trabajar con un programa que contiene una gran cantidad de velocidad, entonces no recomendaría el lenguaje de programación python para usted. Me gustaría recordarle que python es un lenguaje interpretativo que no requiere el uso de un compilador. Es muy evidente que los lenguajes de programación que tienen compiladores siempre tienen mayor velocidad en comparación con los que no tienen. En el otro extremo, siempre depende de lo que realmente esté compilando o traduciendo. En algunos otros casos, Python puede actuar más rápido usando puntos de referencia como PyPy.

A pesar de ser lento, hay una nueva palabra de esperanza de que este problema está siendo resuelto por una serie de desarrolladores. Los desarrolladores de Python están trabajando en un criterio que hará que el intérprete del lenguaje de programación sea más rápido y más eficiente en comparación con otros lenguajes de programación que tienen los compiladores. Los desarrolladores han comparado lo que están desarrollando para ser muy eficiente, eficaz y más rápido que los populares lenguajes de programación C y C++.

ii. No disponible en los navegadores móviles mayoritarios

El lenguaje de programación funciona mejor en ordenadores personales. Es más eficiente y está disponible en ordenadores normales, ordenadores de sobremesa, servidores y portátiles. Sin embargo, el programa no es eficiente en los navegadores móviles utilizados por teléfonos inteligentes y tabletas. Lo triste de este defecto es que la mayoría de las computadoras están aumentando de tamaño y han llegado a la etapa de los teléfonos inteligentes y sin embargo el lenguaje de programación no lo ha hecho. Como resultado, el lenguaje de programación está llegando a un punto en el que se va a volver impopular en términos de uso. Esto se debe a que la mayoría de las organizaciones están trabajando en la dirección de desarrollo de sitios web de teléfonos móviles.

Tal vez esperamos que los desarrolladores de Python pronto avanzarán el lenguaje para estar disponible en los navegadores móviles.

iii. Opciones de diseño limitadas

El lenguaje de programación Python es limitado en términos de opciones de diseño. Podemos decir que tiene restricciones en las opciones de diseño. Este programa implica acciones de mecanografía y más de observación sobre lo que está escribiendo. Los errores que no han sido vistos por las pruebas del intérprete sólo se mostrarán durante la última etapa de ejecución de las líneas de códigos.

Los diseños limitados de este programa incluyen que sólo se puede acceder al intérprete de PYthon una vez a la vez. Esto le limitará en términos de pruebas, ya que tendrá que dividir la tarea en diferentes procesos y, por lo tanto, costará más recursos y desperdicio de tiempo. La única manera de guardar esta situación es aplicar la característica de sangría. Como resultado, habremos evitado la aparición de problemas y errores que se habrían producido en el programa.

En resumen, Python es uno de los mejores lenguajes de programación si se vuelve cuidadoso mientras realiza operaciones en él. Como hemos visto anteriormente, no podemos comparar la relación de ventajas con las desventajas. Esto muestra que hay muchas ventajas en el uso de este lenguaje de programación para escribir sus propias líneas de códigos. Sin embargo, debemos estar dispuestos a evitar el cumplimiento de los aspectos negativos del idioma al ser muy cuidadosos con el lenguaje en sí.

CAPÍTULO 2

INICIO DEL VIAJE DE
PROGRAMACIÓN DE PYTHON

Introducción

Antes de entrar en aspectos más profundos del lenguaje de programación python, vamos a aprender y entender algunas de las pocas terminologías que se utilizan en Python. Dado que este libro es una guía para principiantes, vamos a asegurarnos de que entendemos la mayoría de los términos para que podamos evitar confusiones y perdernos en el proceso de escribir líneas de códigos. Espero que tomen notas del mismo capítulo y traten de distinguir todos y cada uno de los términos.

Términos comunes en el lenguaje de programación Python

- **Clase** - Este es un blueprint o una plantilla o una estructura que se utiliza normalmente en la creación de objetos definidos por el usuario.

- **Función** - el implica un grupo o lote de códigos que se utiliza en invocar más especialmente con cuando se utiliza un programa de llamada. Otros usos incluyen el cálculo o el uso de servicios autónomos.

- **Docstring** - Este es un tipo de cadena que suele aparecer como la primera expresión en un módulo, clase definida o una función. También se utiliza con fines de documentación.

- **Inmutable** - Este es un ejemplo de un objeto existente dentro de un código que normalmente contiene un valor fijo. Ejemplo de ello son números, tuplas y cadenas. Una vez que el objeto contiene el valor fijo, entonces no se puede cambiar y por lo tanto tiene que crear uno nuevo con valores diferentes. Otro ejemplo perfecto donde es muy aplicable es como el caso de las claves existentes en un diccionario.

- **IDLE (Integrated Development Environment** for Python) - Esto se puede definir como el entorno básico para la interpretación y edición de programas Python. Como principiante, puede ayudar y guiarle sobre cómo escribir códigos básicos. Su principal ventaja es que ahorra espacio y tiempo.

- **Mutable** - Estos son tipos de objetos que no tienen fijos y por lo tanto tienen la libertad de cambiar sus valores dentro del programa python. Es importante tener en cuenta que mantienen sus valores originales o iniciales. Es simplemente lo contrario de Inmutable.

- **Interactivo** - Este es una característica del intérprete que permite al principiante probar cosas nuevas y probarlas sobre cómo funcionarán o se comportarán. Es muy útil para el principiante ya que le da la libertad de aprender y experimentar una gran cantidad de conceptos que usted puede haber aprendido antes. También es una técnica que impulsa el desarrollo de nuevas habilidades y nuevas ideas que pueden incorporarse.

– **List** - Este es un tipo de datos integrado en Python que tiene valores ordenados de tipo mutable e inmutable. También puede acomodar los números y cadenas del tipo inmutable.

– **Python 3000** - Como se ha explicado anteriormente, no puede volver a las bases de datos más antiguas de Python 2 si ha instalado python3. Es evidente que la mayoría de la gente ha permanecido como usuarios de Python 2 porque temen este desarrollo. Como resultado, python 3000 viene como una opción intermedia que permite a los usuarios de Python 3 volver a las bases de datos más antiguas de las versiones de Python 2.

– **Objeto** - En términos del lenguaje de programación python, podemos definir un objeto como un tipo de datos que contiene un valor o una característica que está muy definida como la de un método.

– **String** - Esto es una característica básica del lenguaje de programación Python cuyo objetivo principal es el almacenamiento de textos. Por ejemplo, en Python 2, las cadenas se utilizan para almacenar los textos de una manera que el tipo de cadena contiene los datos que están en formato binario solamente.

– **Triple cadena "entrecomillada"** - Esto es un tipo de cadena que contiene instancias como comillas simples o instancia de comillas dobles-. Tienen muchos usos en los lenguajes de programación python. Algunos de los usos incluyen la simplificación de líneas de códigos mediante el uso de las comillas simples y dobles. Como resultado, pasar por la línea de códigos se vuelve muy fácil.

- **Tipo -** definido una categoría de algunos objetos de datos que se producen en varios lenguajes de programación. Se separan y distinguen entre sí por el uso de propiedades y funciones como tipos mutables e inmutables. Ejemplos de estos tipos en el lenguaje de programación python incluyen; cadena, largo, tupla, tipos de diccionario, enteros y puntos flotantes.

- **Tuple -** Esto es un tipo de datos incorporado que incluyes valores inmutables de datos pero en una secuencia ordenada. En otras ocasiones, la tupla puede contener los valores mutables, como los diccionarios que están dentro de ella.

Comenzando el viaje

En este punto, hemos analizado y conocido el conocimiento de fondo y la historia sobre el lenguaje de programación python. Hemos discutido sus beneficios, así como el lado negativo del lenguaje de programación. Vamos a configurar el entorno que nos permitirá interactuar con el lenguaje de programación python.

Instalación de la plataforma o programa Python

Si está utilizando Ubuntu o macOS, entonces el entorno Python ya está instalado en su ordenador. Esto sólo requiere que busque sin ti en la plataforma o el programa y por lo tanto empezar en el mismo.

Para el caso de los ordenadores Windows, vamos a descargar e instalar el programa. Esto no debe ser una preocupación para usted porque funciona perfectamente bien en este entorno después de que se instala correctamente. Es importante tener en cuenta que es muy compatible con ventanas desde ventanas 7 hasta ventanas 10. Vamos a seguir los siguientes pasos para instalar la pitón en nuestro ordenador Windows;

- El primer paso es descargar Python ya sea la versión 2 o la versión 3. Ambas versiones son buenas opciones que sólo depende de cuál se adapte mejor en términos de acceder y adquirirlo. Carguelos en la página oficial de carga descendente de Python en https://www.python.org/downloads/

- Después de descargar cualquiera de las versiones en su equipo Windows, haga clic para ejecutar el instalador. En este punto, esté interesado en seleccionar la opción "Instalación personalizada".

- Debería aparecer un cuadro de diálogo. En el cuadro de diálogo, haga clic en cada casilla de verificación debajo de las "Características opcionales" y luego haga clic en "Continuar".

- En la página siguiente, se supone que debe comprobar la pestaña "Opciones avanzadas" para elegir la ubicación de almacenamiento adecuada donde va a instalar python 2 o 3.

En este punto, va a seguir otra serie de pasos para configurar una variable PATH adecuada. En términos simples, va a seleccionar carpetas o directorios que son necesarios para almacenar y vincular todos los paquetes apropiados. Para configurar el PATH VARIABLE vamos a seguir los pasos a continuación;

- Vaya al Panel de control de su ordenador y busque el "Entorno".

- Después de encontrar la variable de entorno del sistema, haga clic en la opción Editar y, a continuación, en Variables de entorno.

- Haga clic en las variables de usuario para crear una nueva ruta de acceso o utilizar una ruta existente.

- Abra el símbolo del sistema del sistema operativo Windows y escriba la palabra "Python". Cuando lo encuentres, te llevará al intérprete de Python.

Puntos a tener en cuenta;

i. Cuando desee crear una nueva ruta en la opción USER VARIABLES, haga clic en PATH y agréguela a las carpetas que existen allí. La única precaución a tomar es que los valores IABLE VAR suelen estar separados por el uso de un SEMICOLON.

ii. Si decide editar una ruta existente, debe tener cuidado para que los valores se encuentren en líneas diferentes. Para lograr esto usted selecciona la opción NUEVA y pone las carpetas o directorios en una línea diferente también.

Configuración del Editor de texto en Windows y macOS

Un editor de texto es una herramienta básica que aporta a la plataforma de programación del lenguaje Python. En otras palabras, no se puede hacer nada sin la presencia del editor de texto. La confusión común entre los usuarios de Windows que los principiantes piensan que Word es un editor de texto para la programación. A partir de ahora, debe entender que el único editor de texto integrado de Windows que es seguro para editar el código fuente es el NOTEPAD.

La mejor versión de Notepad que se utiliza en Windows para la programación de Python es NOTEPAD++. Para macOS,TEXTWRANGLER es un gran editor de código que vale la pena probar. Para configurar en Windows utilizaremos el siguiente procedimiento;

- El primer paso es adquirir el Bloc de notas + + mediante la descarga de la última versión de su sitio oficial - https://notepad-plus-plus.org/ .

- Después de descargarlo, vaya a la configuración y seleccione la "Configuración del menú de idioma y la pestaña".

- Haga clic la casilla de verificación al lado de la "pestaña de expansión" para activarla. Por favor, tenga cuidado de comprobar que el valor en él es 4

- Cierre la pestaña.

Para el caso de macOS,vamos a seguir el siguiente procedimiento;

- El primer paso es descargar TextWrangler desde la Mac App Store. Esto instalará el programa también.

- Un punto a tener en cuenta es que no se le pedirá que registre el software, sino que lo instale libremente. Así que no dude en cancelar el cuadro de registro emergente si aparece.

- Siga las sencillas instrucciones que aparecen en la pantalla y luego guarde y cierre.

Una vez que el programa está completamente instalado, entonces usted está muy listo para comenzar a aprender las habilidades de programación Python.

Adquirir el IDLE

Antes de llegar lejos con la instalación de Python, le aconsejo que también descargue el IDLE (Integrated Development and Learning Environment). Esto se debe a que se supone que se instalan juntos durante todo el proceso de instalación. En otras palabras, este es el entorno con el que vamos a interactuar una vez que empecemos a aprender del lenguaje de programación Python, de ahí que sea necesario instalarse juntos.

Las siguientes son características de un IDLE estándar que hará que su programación con lenguaje python sea muy fácil de trabajar;

- Shell de Python: la función de este shell es resaltar o seleccionar la sintaxis del lenguaje de programación

- Integrated-debugger- esta característica es única ya que contiene puntos de interrupción fuertes y persistentes, pilas de llamadas escalonados y visibles que hacen que las cosas sean fáciles de trabajar.

- Editor multiventana (Texto): esta función ayuda al programador a resaltar, sangrar y terminar de escribir el código.

Si encuentra un entorno que tiene las características anteriores, entonces puede instalar el paquete, pero tiene que asegurarse de que funciona perfectamente con el lenguaje de programación python. Sin embargo, en el mundo moderno, los sitios web que ofrecen las diferentes versiones de python ya sea 2 o 3, por lo general adjuntan el paquete de entorno a él para que pueda ser descargado e instalado juntos. Esto demuestra que no es fácil perderse en el proceso de instalación.

Por otro lado, si no instala el paquete IDLE correctamente, se enfrentará a problemas como problemas de enfoque, incapaz de copiar cosas e incluso problemas con la interfaz gráfica. Para evitar estos problemas, tenga cuidado en términos de elección del paquete de entorno. Por favor, elija un paquete que sea muy compatible no sólo con el lenguaje de programación Python, sino también con su sistema operativo.

En resumen, configurar python con el fin de empezar a codificar es bastante fácil y disponible incluso para un principiante. Si decides usar macOS o Ubuntu, entonces tienes todo en tu computadora. Si usted es un usuario de Windows entonces es muy fácil de descargar. Ahora es un buen momento que se supone que debemos empezar a aprender de los conceptos de cómo programar utilizando el lenguaje de programación Python.

Nuestra primera interacción con el lenguaje de programación Python

Desde el capítulo anterior, Python es un lenguaje de programación interactivo, flexible, dinámico e interpretativo. Todas estas características del lenguaje de programación Python lo hacen susceptible de ser utilizado o manipulado de todo tipo de maneras diferentes. Como principiante, puede decidir realizar pruebas en códigos o explorar sus características de diferentes maneras y aún así hacer todo atribuyéndole a su función interactiva.

Es importante tener en cuenta que puede manipular Python eficazmente mediante el uso de las siguientes plataformas;

1. La plataforma Command-line

2. La plataforma IDLE.

Vamos a aprender de las dos plataformas con el fin de entender cómo podemos interactuar libremente con el lenguaje de programación python.

El Comando-plataforma de línea

Esta es la forma más directa de interactuar con el lenguaje de programación Python. Se ocupa del usuario ver las líneas de códigos y los resultados después de cada línea de código. Esto significa que una vez que el programador termina de escribir la pieza de código y pulsa el botón Enter, él o ella puede ver la acción inmediata de la pieza de código. La superficie donde se escribe la línea de código se conoce como el "prompt".

Sin embargo, esta no es la forma más preferida de interactuar con el lenguaje de programación python. Esta es la forma más sencilla de hacer algunas exploraciones sobre cómo funcionan los códigos del lenguaje de programación python.

Interactuar con la plataforma de línea de comandos

Hay numerosas formas en las que podemos acceder e interactuar con esta plataforma. Las numerosas formas y modales dependen del tipo de sistema operativo que se ha instalado en su ordenador. Para los usuarios de Windows vamos a iniciar python de las siguientes maneras;

i.   Haga clic en el elemento de menú del menú Start.

ii. Otra alternativa es localizar las carpetas o directorios que contienen los archivos instalados y luego seleccionar la "Línea de comandos de Python".

Para los usuarios de sistemas operativos UNIX, Linux o MAC OS, tendrá que buscar y ejecutar la "Herramienta Terminal" y ejecutar el comando Python hara iniciar su sesión de programación. Es importante recordar que damos los comandos de la computadora para que puedan ser nuestros sirvientes y hacer lo que queremos que hagan. Por lo tanto, el lenguaje de programación Python simplemente funciona de la misma manera. Debe escribir los comandos con los que están familiarizados para que el equipo pueda realizar y actuar por usted. Python simplemente actúa como la plataforma que convierte sus pensamientos a un lenguaje que el ordenador entiende. Para entender este concepto, vamos a tener un ejemplo a continuación que ilustrará cómo funciona Python;

i. Paso número 1: Abra la línea de comandos.

ii. Paso número 2: Escriba las siguientes palabras después de la >>>prompt: print (HELLO THERE! ESTOY APRENDIENDO PYTHON!)

iii. Paso número 3: Pulse el botón Intro para que el equipo pueda saber que ha terminado de introducir el comando.

iv. Paso número 4: Observe lo que hace el equipo. Una vez que haya pulsado el botón Enter, el ordenador muestra inmediatamente el mensaje "HELLO THERE! ¡ESTOY APRENDIENDO PYTHON!" en una fracción de segundo.

La razón por la que el programa ha respondido correctamente es que hemos introducido el formato correcto de comando en el símbolo del sistema. Si hubiéramos podido dar un formato incorrecto de comando, entonces se habría producido lo siguiente;

Entrada: Impresión (HOLA ! ESTOY APRENDIENDO PYTHON!")

El programa python respondería de la siguiente manera

Salida: Error de sintaxis: sintaxis no válida

En el ejemplo anterior, el equipo mostrará un mensaje de error de sintaxis porque el símbolo del sistema no puede reconocer el formato. Esta situación también ocurre cuando el programador ha escrito y ejecutado la mitad del comando. La razón principal del error de sintaxis anterior es escribir el comando print utilizando una letra. Es importante tener en cuenta que el lenguaje de programación Python distingue entre mayúsculas y minúsculas y puede imprimir un mensaje de error cuando un comando es escrito inapropiadamente.

Cómo salir en Python

Para que pueda salir o salir de Python, puede elegir escribir los siguientes comandos;

exit() o

salir() o

Control+Z+Intro

A continuación se muestra un ejemplo de un comando-interfaz delínea;

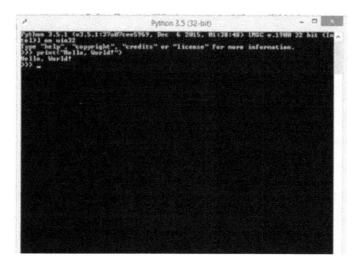

23

La plataforma IDLE

Como se mencionó anteriormente, esta herramienta o paquete viene con el paquete python, pero también se puede descargar desde otros sitios que están disponibles en Internet. Este es un entorno que se desarrolla con el fin de crear una plataforma interactiva eficiente que se puede escribir sus líneas de códigos de forma ordenada y eficaz.

Para localizar la plataforma IDLE, puede ir a las mismas carpetas o directorios que localizó la plataforma de línea de comandos y, a continuación, haga clic para iniciar el entorno. Después de hacer clic en él, se abrirá la ventana de shell de Python. Vamos a discutir la ventana de la cáscara de pitón en detalle.

La plataforma Python Shell

Se trata de una plataforma que comparte propiedades con la plataforma o ventana de línea de comandos. Lo único que difiere con la ventana de línea de comandos es que tiene menús desplegables. Las operaciones y el símbolo del sistema >>>siguen siendo similares.

Las otras diferencias notables en las dos plataformas en términos de operaciones son que en la línea de comandos no se puede volver a una línea de código que ya se ha ejecutado, pero en IDLE se puede volver atrás e incluso editarlo. La plataforma IDLE le permite modificar su línea de códigos y también copiar o eliminar lo que no era necesario. En un resumen rápido, IDLE parece ser una versión mejorada de la plataforma de línea de comandos.

El diagrama siguiente muestra un ejemplo de una plataforma IDLE;

Desde el diagrama podemos ver y observar varios elementos pertenecientes al menú como FILE, EDIT, SHELL, DEBUG, OPTIONS, WINDOWS y HELP.

La función principal de los menús Shell y Debug es proporcionar un entorno para creaciones y codificación de programas más grandes por parte del programador. Simplemente dan una provisión para la ampliación de los programas. En el otro extremo, el menú de shell tiene el propósito de restablecer o reiniciar los vaciados o el registro de vaciados. Proporciona una amplia capacidad para que pueda restablecer el shell o localizar el último restablecimiento una vez que se produce un problema durante la codificación.

Los componentes del menú de depuración incluyen opciones de seguimiento y resaltado de orígenes de excepciones de archivo y líneas con errores. También le da la provisión de interactuar con un programa en ejecución. Por ejemplo, el "Stack viewer" generará una nueva ventana que muestra el apilamiento de Python en curso.

El menú Opciones muestra un área de trabajo compatible y adecuada que es relativa al entorno de trabajo de las preferencias de Python.

En el otro extremo, la opción Ayuda le lleva al sitio web de ayuda o a la documentación de Python.

El menú Archivo contiene opciones que le permitirán crear, abrir o guardar un archivo. La nueva opción le llevará a una nueva ventana que está en blanco. Inicialmente, un nuevo archivo se llama "Untitled" pero se puede guardar de la manera que sea adecuado de acuerdo con el programa. La diferencia entre las ventanas Archivo y Shell es que nos introduce en otras opciones diferentes como los menús RUN y FORMAT. Las dos ventanas funcionan en coordinación ya que cuando se ejecuta el programa mientras se encuentra en la ventana de archivo se mostrará en la ventana De shell.

El modo script

Por último, en este modo no es tan interactivo como hemos visto en las otras plataformas anteriores. En otras palabras, no puede ver el resultado y las acciones de los códigos al igual que en la plataforma de línea de comandos. En este caso, para ejecutar su fragmento de código y ver sus resultados tendrá que ejecutar todo el script escrito o realizar una invocación utilizando un código.

En resumen, ¡ya hemos comenzado el viaje de programación de Python!

CAPÍTULO 3

SINTAXIS BÁSICA DEL LENGUAJE DE PROGRAMACIÓN PYTHON

Introducción

Esto se refiere a las reglas y procedimientos definidos que son necesarios para lograr líneas de códigos interpretables. Estas reglas le permitirán escribir, editar e interpretar cualquier línea de códigos que estén escritos en el lenguaje de programación Python. Además, le ayudará a familiarizarse con la estructura de la codificación Python.

Palabras reservadas en el lenguaje de programación Python

Las palabras clave reservadas también se pueden denominar Palabras clave. Estas son palabras que no se supone que se utilicen como funciones, variables, identificadores o constantes. Cuando las palabras reservadas se utilizan incorrectamente, se producen errores durante la ejecución de la línea de códigos. Las siguientes son algunas de las palabras clave principales que se utilizan principalmente en Python;

Y, assert, break, class, continue, def, del, elif, else, except, exec, finally, for, from, global, if, import, in, is, lambda, not, or, pass, print, raise, return, try, while, with, yield.

Identificadores en el lenguaje de programación Python

Se pueden definir como los nombres o las iniciales que se asignan para distinguir las variables, funciones, clases, módulos y objetos. Son necesarios para este lenguaje de programación para que pueda sin facilitar las diferentes entidades que se han utilizado. Es importante tener en cuenta que debe asignar un nombre adecuado a cada entidad para que pueda identificarlas fácilmente en el futuro.

Las siguientes son algunas de las directrices que debe observar para nombrar una entidad de una manera adecuada;

- Un identificador puede estar compuesto de letras minúsculas, guiones bajos, dígitos y letras mayúsculas. Por ejemplo, puede crear un identificador como myFunction, my_class y muchos otros.

- No se le permite incluir los caracteres especiales al crear un identificador. Algunos de los caracteres especiales que no están permitidos incluyen; $, %, y muchos otros.

- No se le permite asignar un nombre a una entidad con un identificador que comience con un número o cualquier dígito, por ejemplo 2Class. En el otro extremo, se le permite utilizar los números o dígitos en otros lugares, pero no al principio.

- Se requiere que sepa que el lenguaje de programación python distingue entre mayúsculas y minúsculas. Por ejemplo, las palabras Lazy y lazy no son las mismas en este lenguaje de programación. Debe tener interés en elegir un identificador para una entidad.

- Otra precaución que debe entenderse es que no se puede utilizar una palabra reservada como identificador. No está permitido en absoluto.

- Los nombres asignados para distinguir Clases siempre deben comenzar con una letra mayúscula o mayúscula. Sin embargo, todas las demás entidades deben tener un nombre con identificadores que empiecen por letras minúsculas.

- Los símbolos de subrayado son preferibles cuando se desea diferenciar entre varias palabras.

En resumen, es muy importante tener en cuenta que el uso adecuado del identificador ayuda a hacer referencias en el futuro. Debe seleccionar nombres para entidades que puedan hacer que se acuerde fácilmente.

Uso de comillas en lenguaje de programación Python

Dependiendo del tipo de comillas, Python le permite usarlas para hacer una indicación de literales de cadena. La única precaución que se debe llevar a cabo es que una vez que utilice una comilla simple o doble, debe terminar con el tipo con el que comenzó. Por ejemplo, una situación que requiere que utilice comillas triples es cuando las cadenas existen en muchas líneas.

Uso de declaraciones en lenguaje de programación Python

Estas son un conjunto de instrucciones que el intérprete puede ejecutar o ejecutar. Hay diferentes tipos de instrucciones que existen en este lenguaje de programación. Por ejemplo, si se asigna un valor a cualquier variable como la variable "gato", esto se convierte en una "instrucción de asignación". También se permite que pueda escribir la instrucción de asignación en un formato corto, como v-16. Otros ejemplos de declaraciones en este lenguaje de programación incluyen; para declaración, if declaración y while declaración.

El tipo de instrucciones Multilínea

Al igual que la cadena de comillas triples, una instrucción puede derramarse sobre varias líneas. Esto es lo que se conoce como el tipo de instrucción de varias líneas. Para que pueda romper estas instrucciones largas para ajustarse al número de líneas necesarias, puede utilizar los corchetes, paréntesis y llaves para ajustar las líneas. Además, también puede utilizar el elemento de la barra invertida (o) al final de cada línea para que pueda indicar que la línea no ha finalizado. El concepto de la barra diagonal inversa es principalmente con el propósito de indicar que la línea continúa en varias líneas.

Cómo se utiliza la sangría en el lenguaje de programación de Python

En otros lenguajes de programación, sus estructuras se definen mediante el uso de llaves y corchetes en la escritura de códigos. Sin embargo, python utiliza la sangría como una forma de definir su estructura en la escritura de las líneas de códigos. Es importante tener en cuenta que esto no es un estilo de escritura para hacerlo impresionante, sino un requisito al escribir líneas de códigos en este lenguaje de programación. El objetivo principal de la sangría es hacer que el bloque de códigos en Python sea más comprensible y legible.

En el ejemplo siguiente se muestra el uso de sangría. Es un ejemplo de alquiler de habitaciones de alojamiento en una pequeña ciudad;

```
def room_rental_cost(horas):
 coste 360 * horas
 si horas > 10:
costo - 700
  horas elif > 5:
costo - 400
costo de devolución
```

Lo más importante en la aplicación de la sangría en el lenguaje de programación Python es mantener un espaciado de sangría consistente en sus líneas de códigos. Por otro lado, algunos de los IDI que le ayudan a escribir códigos le ayudarán automáticamente a mantener el espacio de sangría. El espacio de sangría estándar siempre es cuatro a la derecha.

Uso de comentarios en Python

Esta es una característica común entre todos los lenguajes de programación. Los comentarios se pueden definir como las explicaciones de código que se colocan entre las líneas de códigos con el fin de recordarle o informar a otro programador de lo que hace el código escrito. Es muy importante escribir comentarios para que pueda ser utilizado como fuente de referencia a otros programadores.

En Python, para escribir cualquier comentario debe comenzar con un signo o símbolo hash. El símbolo hash es principalmente para informar al intérprete que esto no forma parte de los códigos que se ejecutarán en el programa. En el otro extremo, los comentarios pueden derramarse sobre un número de líneas y por lo tanto el programador está obligado a asignar un signo hash al principio de todas y cada una de las líneas de comentario.

Los siguientes son ejemplos de cómo se supone que debemos escribir los comentarios;

#the juego ha terminado

#shows la acción de impresión

#John Parks-12/2/2020

Además, también es importante tener en cuenta que los comentarios se pueden escribir en cualquier otro idioma comprensible. En algunos de los IDI, los comentarios suelen estar indicados en rojo para que puedas identificarlos mediante el uso de tus ojos. Me gustaría animarle a que comience su línea de códigos con comentarios cortos y sencillos que informarán a otros programadores del título, nombre y fecha en que se escribió el programa. Esto puede ayudar cuando otro programador desea modificar su programa en el futuro.

Uso de líneas en blanco

Las líneas en blanco se utilizan en la programación para facilitar la lectura de los códigos y localizarlos. También se utilizan para separar diferentes secciones de códigos que desempeñan diferentes roles en un programa. El equipo siempre ignora las líneas en blanco porque no forman parte del programa que se va a ejecutar. Se utilizan principalmente para la pulcritud y la orden del espacio de programación en los IDI.

Uso de la "línea de espera"

Esta es siempre la última línea de su programa que mostrará el comando "Pulse la tecla Intro para salir". Al pulsar el botón Intro, el programa se apagará automáticamente. Le aconsejo que mantenga esta ventana abierta hasta que esté seguro de que ha terminado con su codificación. El código se ilustra a continuación;

```
raw_input ("no, pulse la tecla Enter para salir.")
```

Resumen

En este capítulo hemos interactuado con algunas de las características que nos ayudarán en la codificación en el lenguaje deprogramación Python. Creo que ha instalado el programa Python, así como un IDLE adecuado que le ayudará en un lugar para escribir los códigos. También hemos probado en la escritura de un programa simple en el modo interactivo de la computadora. Además, hemos visto el modo de script y algunos de los menús que existen en ese modo. Creo que hemos sentado una base básica para este lenguaje de programación y, por lo tanto, estamos preparados para aprender otras partes del lenguaje de programación también.

Ejercicios prácticos

1. Genera un error de sintaxis en el modo interactivo introduciendo tu programa de televisión favorito. Corrija el error introduciendo una declaración que imprima el nombre de su programa de televisión favorito.

2. Crea un programa sencillo que imprima tu nombre y la ciudad actual en la que vives.

3. Crea un programa que escriba una cita famosa y su autor en dos líneas diferentes. (Pista: no dude en manipular varias instrucciones de impresión).

CAPÍTULO 4

VARIABLES, Y TIPOS DE DATOS Y ESTRUCTURAS DE DATOS

Introducción

Hemos sido introducidos en el lenguaje de programación Python y ahora somos capaces de escribir y guardar un programa simple. Es hora de profundizar en conceptos que construirán nuestros conocimientos en el lenguaje de programación Python y generarán códigos más complejos para otros programas.

En este capítulo, vamos a estudiar sobre diferentes formas en las que puede manipular los datos, categorizarlos y almacenarlos al mismo tiempo. También vamos a estudiar en detalle sobre cómo utilizar las diferentes categorías de datos en nuestro lenguaje de programación python. En el otro extremo, nos centraremos en la creación de un programa interactivo que le pedirá al usuario que introduzca algunos de los datos para que el programa se ejecute. El objetivo principal de este capítulo es ayudarle a realizar la siguiente tarea;

- Crear programas que pueden ser capaces de realizar algo de aritmética.

- Utilice las diferentes variables s en la manipulación de datos.

- Almacene diferentes categorías de datos en la memoria del ordenador.

- Crear programas muy interactivos que solicitan al usuario alguna información con el fin de ser ejecutado por el programa.

- Utilice las diferentes características como las citas en la manipulación de cadenas y textos.

Las variables en Python

En una definición simple, una variable se puede similar a un contenedor o una sala que actúa como un almacén de valores de datos. Los valores que se almacenan en las variables se pueden acceder y manipular en cualquier momento. En otras palabras, se puede denominar memoria señalada que puede indicar al equipo que recupere o guarde datos. Las variables también se pueden utilizar para organizar la información en la memoria del ordenador.

Es importante tener en cuenta que hay una gran diferencia en cómo python utiliza las variables en comparación con otros lenguajes de programación. En los otros lenguajes de programación, las variables son muy específicas para el almacenamiento del tipo de datos. Por ejemplo, una variable puede estar destinada a solo tipo entero de valores de datos. En el otro extremo, Python muy flexible en términos de tratar con las variables. Por ejemplo, si se requiere una variable en Python, lo único que se requiere es asignarle un valor. Es flexible cambiar el tipo de datos y el valor asignado antes de ejecutar el programa Python. Vamos a estudiar el ejemplo siguiente;

Ejemplo 1

Our_variable 20

Entender nuestro código

Es muy importante tener en cuenta que al declarar una variable, no significa que "our_variable" es equivalente a 20 pero significa que la variable se establece en 20. Debe tener cuidado de no mezclar los dos para evitar que usted mismo tenga la interpretación incorrecta de su código. Para que pueda agregar a la variable, puede realizar el siguiente paso;

>>>our_variable - our_variable + 10

Cuando desee saber cómo Python reaccionó a su línea de código, entonces puede imprimir como se muestra a continuación;

>>>imprimir (our_variable)

El resultado será:

30

En este ejemplo, los dos valores se han combinado con un nuevo valor en virtud de una adición simple. Los resultados se han impreso después de la adición.

Ejemplo 2

Vamos a manipular el "our_variable" para almacenar una cadena (literal) como se muestra a continuación;

>>>our_variable de "Banana"

Vamos a imprimir la cadena;

>>>imprimir (our_variable)

El resultado será:

Plátano

Asignación práctica

A. Identifique las diferentes partes de las líneas de códigos a continuación;

#The greeting program

#shows los usos de una variable

Parques #John 2/02/2020

nombre "John"

nombre de impresión

imprimir "Hola, "+ nombre

raw_input de la tecla "Pulse la tecla de entrada para salir".")

¿Cómo debemos nombrar las variables?

Hay algunas reglas con respecto a la nomenclatura dela variables en Python. Esto le permitirá crear un nombre necesario de una variable debido a un error al que creará un mensaje de error. Las siguientes reglas son importantes para asignar un nombre de variable;

i. El nombre debe contener SOLO letras, guiones bajos y números.

ii.   El nombre de la variable NO debe comenzar ni comenzar con
        ningún número.

Además de las reglas, las siguientes son algunas ideas que han
llevado a otros programadores a crear muy buenos nombres de
variables.

i.   Tenga cuidado de elegir en nombres muy descriptivos que
       dan a otros programadores la visión de lo que está ocurriendo
       en cualquier punto del programa. Esto puede ser muy
       importante para futuras referencias y modificaciones de su
       programa.

ii.   Sea muy coherente y simple en el nombre de sus variables
       para evitar confusiones y nombres ambiguos. No utilice los
       nombres que confundirán o traerán diferentes ideas en el
       programa.

iii.   Tenga cuidado para que al nombrar pueda seguir las reglas
       del lenguaje de programación python. No se le ocurran
       nombres que puedan parecerse o copiar las palabras clave del
       lenguaje de programación. En otras palabras, también se
       supone que debe recordar que Python es muy sensible a
       mayúsculas y minúsculas. Otras reglas como qué evitar al
       principio de un nombre tampoco deben ser violadas.

iv.   Por último, debe comprobar la longitud del nombre porque
       los nombres muy largos crean un problema normalmente en
       este lenguaje de programación. Por lo tanto, debe elegir un
       nombre simple y descriptivo que no sea demasiado largo para
       ser un nombre de variable. La longitud requerida de un
       nombre de variable debe ser inferior a quince caracteres.

En resumen, el truco para elegir un buen nombre de variable es la combinación de las directrices que se han mostrado anteriormente. Usted debe ser capaz de elegir un nombre que puede guiar a otro programador en sus líneas de códigos aparte de los comentarios en el mismo programa. Esto puede ser un buen comienzo para programar en Python.

Los tipos de datos en Python

Cuando se trata de manejar tipos de datos, python se ocupa de los tipos de datos para ayudar a los programadores a explotar los datos de una manera eficiente. Algunos de los tipos de datos que vamos a estudiar incluyen; números, listas, booleanos, cadenas, hora, fecha, etc.

Cadenas

Se pueden definir como el tipo Unicode de caracteres en el lenguaje de programación Python. Las cadenas pueden contener símbolos especiales, letras y combinación de números. Lasestriatadas se definen mediante el uso de citas aprendidas en el capítulo anterior. Por ejemplo;

>>>cadena uno - "Estoy definido por comillas simples."
>>>cadena dos - "Estoy definido por comillas dobles."

En casos especiales donde existen cadenas literales definidas por comillas simples, se supone que se debe agregar una reacción para escapar de ese carácter específico como se muestra a continuación;

>>> string3 ' No se ve impresionante en absoluto.'

>>> imprimir (string3)

Los resultados serán: No se ve impresionante en absoluto

Obtendrá los mismos resultados si elige utilizar comillas dobles- .

En el otro extremo, en el lenguaje de programación Python, las cadenas se pueden subíndice o indexar para que su primer carácter no sea uno sino cero.

Observemos el ejemplo siguiente sobre cómo podemos llegar a indexar en Python.

>>>s á "Hola Python"

El python indexará la cadena anterior de la siguiente manera;

-12	-11	-10	-9	-8	-6	-6	-5	-4	-3	-2	-1
H	e	l	l	o		P	y	t	h	o	n
0	1	2	3	4	5	6	7	8	9	10	11

Para que pueda acceder a cualquiera de las letras que ha escrito en la cadena, utilizaría los criterios de introducción del nombre de la variable y el índice entre corchetes como se muestra a continuación;

>>>s [6]

La salida será 'P'

La fórmula simple de obtener otro carácter es

>>>s [len(s)-1]

En resumen, además de la indexación de cadenas, puede realizar varias operaciones y funciones aritméticas en las cadenas.

Cadenas concatenadas

Hemos estudiado este concepto en variables, pero vamos a ilustrar cómo podemos unir cadenas entre sí en el lenguaje de programación python. Por ejemplo, vamos a estudiar las cadenas simples a continuación;

>>> "Hi" + "Python programmer"
El resultado se convertirá en: 'HiPython programmer'

En el ejemplo anterior, podemos reconocer que las cadenas están unidas por el operador +. Simplemente se une entonces como las matemáticas de adición simple. Es importante tener en cuenta que cuando las cadenas se unen, se unen exactamente como estaban. No hay inclusión de espacios como se muestra en el ejemplo anterior.

Cadenas repetidas

Podemos repetir el número de cadenas al número de veces que queremos mediante el uso de * símbolo u operador. Por ejemplo, vamos a repetir una cadena cinco veces como se muestra a continuación;

>>>s á "****"
>>>s * 5
'**_****_****_****_****_**'

Otro ejemplo;

Imprimir "Cookie" *10

"Cookie Cookie Cookie Cookie Cookie Cookie Cookie Cookie Cookie Cookie"

Tamaño de las cuerdas

El tamaño de la cadena se puede obtener mediante el uso de la función "len()". Por ejemplo, si queremos obtener el tamaño de la cadena "Parker", ejecutaríamos la siguiente función;

>>>len("Parker")
La salida será 6

Cuerdas rebanadas

En esta sección, podemos dividir una cadena en subcadenas mediante el uso de la acción de corte o notación. Esto se logra colocando el índice de las cadenas y dividiéndolas usando punto y coma. A continuación se muestra un ejemplo de cadenas segmentadas;

>>>"Python"[3:5]
 dará como resultado:
'ho'
>>>"Python"[3:6]
producirá:
'hon'

Otras formas más sencillas de lograr el corte de cadenas en subcadenas incluyen;

i.   Uso de variables

De esta manera podemos almacenar la cadena en una variable e ir directamente en la manipulación de la variable con el fin de crear la subcadena como se muestra a continuación;

```
>>>p á "Python"
>>>p [3:6]
la salidaserá: 'hon'
```

ii. Omisión

Esto se hace cuando queremos partes específicas de la subcadena y por lo tanto omitimos la segunda parte del índice con el fin de obtener la subcadena de destino como se muestra a continuación;

```
>>>p á "Pythons"
>>>p [4:]
la salidaserá: 'ons'
```

iii. Omisión del primer personaje

Este es un caso especial en el que solo desea el primer carácter de la cadena original. Para lograr esto, entonces usted va a omitir el primer carácter del índice e indicar el último carácter que desea que aparezca en la cadena como se muestra a continuación;

```
>>>p á "Pythons"
>>>p [:4]
la salida será: 'Pyth'
```

Funciones de cadena

En esta sección, hay dos tipos de funciones que son las funciones superior e inferior. Esta función funciona de la mano en la conversión de cadenas en mayúsculas y minúsculas respectivamente. Por ejemplo, si queremos convertir la cadena "John Parker" en minúsculas, haremos lo siguiente;

```
>>>c á "John Parker"
>>>imprimir (c.lower())
la salida será: john parker
```

Si queremos convertirlo a mayúsculas, aplicaremos la función superior como se muestra a continuación;

```
>>>imprimir (c.upper())
JOHN PARKER
```

Por otro lado, está la función str (). Se trata de una función especial que crea una cadena a partir de caracteres "no de cadena". Esta función hace que el programador realice acciones como imprimir caracteres que no son cadenas como si fueran cadenas.

Veamos atentamente el ejemplo siguiente;

```
>>>pi 3.14
>>>str(pi)
'3.142'
>>>print("Esta es una muy buena fórmula: " + str(pi))
Esta es una muy buena fórmula: 3.142
```

En resumen, debe hacer más ejemplos en cadenas para que pueda comprender los diferentes conceptos existentes en esta sección.

Números

La principal ventaja que puede obtener mientras trabaja con el lenguaje de programación Python es que no es necesario declarar el tipo de datos numérico sin necesidad de empezar a manipular los valores. Tiene la capacidad de distinguir el tipo de datos antes de ejecutar la línea de códigos. Algunos de los tipos de datos numéricos que se admiten en la última versión de Python (Python 3) incluyen números complejos, enteros y números floating-point.

El tipo de datos numérico entero

Estos son números enteros que no contienen ningún punto decimal entre ellos. Pueden ser positivos o negativos siempre y cuando todavía no tengan puntos decimales. Lo mejor de estos enteros es que tienen un tamaño ilimitado en esta versión de Python. Los siguientes son tipos de enteros y literales que se aceptan y reconocen en el lenguaje de programación Python;

Enteros: 234, -456, 10001

Literales octales: Estos son números a la base de 8. Se indican comenzando con el número cero y luego la letra O en mayúsculas o minúsculas. Por ejemplo:

>>>a a - 0O9
>>>print(a)
la salida resultante será: 9

Literales hexadecimales: Estos son números a la base de 16. Se indican comenzando con cero y luego la letra X en mayúsculas o minúsculas. Por ejemplo;

>>>hex_lit a 0xA0C
>>>print(hex_lit)
la salida resultanteserá: 2572

Literales binarios: Estos son números a la base de 2. Por lo general se indican comenzando con un cero, entonces una letra está en mayúsculas o minúsculas como se muestra en el ejemplo siguiente;

>>> c - 0b1100
>>> print(c)
la salida resultante será: 12

Cómo convertir de enteros a tipo de datos de cadena

Es importante tener en cuenta que esta es una característica que sólo se permite en el lenguaje de programación python. Le permite convertir el tipo entero en cadenas literales durante el proceso de impresión. Las funciones que se utilizan para llevar a cabo este proceso incluyen; Oct (), bin () y hexágono ().

Los siguientes son ejemplos de cómo convertir a diferentes literales de cadena.

Ejemplos

Convierta el entero 8 a su equivalente literal octal.

>>>oct(8)
la salida será: '0o8'

Convierta el entero 2572 en un equivalente de cadena literal hexadecimal.

>>>hex(2572)
la salida resultante será: '0xa0c'

Convierta el entero 12 en su equivalente de cadena literal binaria.

>>>bin(12)
'0b1100'

Nota: Para que pueda registrar la variable sobre el tipo de valor que se ha almacenado allí, puede escribir el siguiente comando;

>>>type(x)

La salida será <clase 'str'>

Los enteros flotantes de punto (números)

Se conocen comúnmente como flotadores. Representan los números reales. Esto significa que también contienen los puntos decimales que definen la parte fraccionaria de los números enteros. Además, también puede escribir estos enteros de tipo flotante en notación científica que suele ser a la potencia de diez. (10^x) los siguientes son ejemplos de flotadores;

>>>5.2e3
La salida será: 5200.0
>>>5.2e2
la salida resultante será: 520

Los enteros complejos (Números)

Estos son los enteros que representan la parte real e imaginaria de los números. se escriben generalmente en el formato de "a+ bJ". La primera parte "a" representa la parte real del entero complejo, mientras que la "b" representa la parte imaginaria. Sin embargo, los números complejos no se utilizan ampliamente en el lenguaje de programación Python. Pero todavía se puede ver en el ejemplo a continuación cómo se ven los números complejos en Python;

>>>a a a 3 + 5j
>>>b á 5 – 2j
>>>c á + b
>>>print(c)
(8 + 3j)

Fecha/Hora

Es muy evidente que casi todas las aplicaciones y programas requieren tiempo para trabajar de manera eficaz y eficiente. En este lenguaje de programación, se obtiene la hora y la fecha mediante el uso de funciones. Un buen ejemplo de una función que traes la fecha y hora actuales es "datetime.now()". Esta función básicamente llama a las funciones integradas que existen en Python con el fin de obtener la fecha y hora actuales.

A continuación se muestra un ejemplo del código de Python;

```
>>> de datetime import datetime
>>> datetime.now()
datetime.datetime(2019, 4, 9, 1, 15, 19, 851318)
```

En el ejemplo anterior, la fecha está en el orden en el que solo se puede identificar el año. Para que pueda obtener el formato legible que es fácil de reconocer tendrá que hacer referencia a la biblioteca de Python utilizando el "strftime".

A continuación se muestra un ejemplo de cómo se utiliza la función de la biblioteca estándar para obtener la hora correcta;

```
>>>de tiempo importación strftime
>>> strftime("%Y-%m-%d %H:%M:%S")
la salida resultante será: '2019-02-09 01:19:02'
```

El tipo de datos booleanos

Estos son los tipos de datos que se utilizan principalmente en comparaciones que terminarán con sólo dos lados que son verdaderos o falsos y sí o no entre otras opciones. Vamos a estudiar el ejemplo siguiente y ver cómo el tipo de datos booleano es utilizado en el lenguaje de programación Python;

```
bool_one de la bool_two
de 5o 1*3
bool_two a 9 < 3 * 2**3
```

48

bool_three a 7 > 3* 4 + 8
print(bool_one)
print(bool_two)
print(bool_three)

Las salidas resultantes serán:

False
True
False

La lista

En comparación con una variable, una lista se puede comparar con un contenedor más grande que puede almacenar un número de variables, así como otros tipos de datos. Se utiliza principalmente para el almacenamiento. Para asignar y definir componentes a unalista, observaremos lo siguiente;

Our_list = [Item_one, Item_two, Item_three]

En el lenguaje de programación python también puede crear una lista en blanco como se muestra a continuación;

Our_list[]

Puesto que la lista siempre está indizada, el primer valor de la lista siempre tiene los índices cero. Para imprimir el primer valor en la lista de abajo, entonces usted ingresará el siguiente código;

Coches ["Mercedes", "Toyota", "Bugatti", "Subaru"]

>>> print(cars[0]) la salida resultante será: Mercedes

49

Para que usted pueda contar el número de coches oen la lista, tendrá que utilizar la función de lente como se muestra a continuación;

>>> len(coches) la salida resultante será: 4

Con el fin de eliminar un coche de la lista, a continuación, se ejecutará el siguiente comando;

>>> cars.remove("toyota")

La salida resultante se convertirá en; Mercedes, Bugatti, Subaru

Con el fin de añadir un coche a la lista, utilizará la función de anexar como se muestra a continuación;

>>> cars.append("BMW")

La salida de la hormiga resulado será: Mercedes Bugatti Subaru BMW

Listas rebanadas

La lista se puede segmentar de la misma manera que las cadenas también se cortan. Esto sucede de la misma manera que lo hicimos en las cadenas cuando necesitamos seleccionar algunos elementos de la lista. El ejemplo siguiente es una ilustración;

>>> Coches [3:4]
la salida resultante será: ['BMW']

El diccionario

El diccionario y la lista son tipos de datos similares. La única diferencia entre los dos tipos de datos es el modo de acceso a los valores que se almacenan dentro de ellos. Para la lista, hemos visto en la sección anterior que usted accede y manipula los datos usando índices. En el diccionario, se accede a los valores mediante el uso de una clave única. La clave única puede ser un número, una tupla o una cadena.

Tenemos que asegurarnos de que el valor de clave es un tipo de datos inmutable. La estructura del diccionario se puede definir escribiendo la clave y separándola de los otros valores mediante el uso de dos puntos como se muestra a continuación;

d = {key_1 : b, key_2 : 3, key_3 : bc}

En el lenguaje de programación python se le permite crear un diccionario vacío como se muestra en el formato siguiente;

d ?

Una de las principales aplicaciones de los diccionarios es el almacenamiento y manipulación de menús, agendas telefónicas y otros directorios. Esta plataforma permite al programador añadir, eliminar o modificar cualquier entrada en el componente de almacenamiento.

En resumen, las mismas funciones que se utilizaron en la actualización de las listas son las que se utilizan en la actualización de los diccionarios, como las funciones de lente y otros. Para eliminar, utilice la función del.

ESTRUCTURAS DE DATOS

En esta sección vamos a considerar las cosas que hemos aprendido antes en los tipos de datos, pero ahora vamos a integrarlos con el lenguaje de programación Python. No lo veas como una repetición, sino como un avance de los temas.

La lista

Algunos de los métodos que existen como objetos de lista incluyen;

- Lista. Anexar (x) -   Esto se utilizan para agregar nuevos elementos al final de una lista

- List.extend () - Ellos se utilizan en la extensión de la lista añadiendo los elementos que son iterables.

- List.insert() - Ellos se utilizan en la inserción de cualquier elemento en cualquier posición de la lista.

- List.remove() - Ellos se utilizan en la eliminación de elementos de la parte superior de la lista cuyo valor es igual a x. Si falta el valor, se produce un error.

- List.pop() - Ellos se utilizan para dos funciones; eliminando y devolviendo un elemento en un punto de la lista.

- List.clear() - Ellos se utilizan en la eliminación de todos los elementos de la lista.

- List.count() - Ellos se utilizan para contar y devolver el número de apariencias de x en la lista seleccionada.

- List.sort() - Ellos se utilizan para ordenar los elementos que existen en la lista.

- List.reverse() - Ellos se utilizan en la inversión de los elementos existentes en la lista.

- List.copy() - Ellos se utilizan para devolver una copia de la lista.

Creo que la información anterior le ayudará a trabajar con la lista. Como resultado, el ejemplo siguiente intenta mostrarnos cómo se utilizan las funciones anteriores;

```
>>> frutas á ['naranja', 'manzana', 'pera', 'banana', 'kiwi', 'manzana',
'banana']
>>> fruits.count('apple')
2
>>> fruits.count('tangerine')
0
  >>>  fruits.index('banana')
3
>>>  fruits.index('banana', 4) - Buscar el siguiente plátano
comenzando una posición 4
6
>>> fruits.reverse()
>>> fruits
['banana', 'apple', 'kiwi', 'banana', 'pear', 'apple', 'orange']
>>> fruits.append('grape')
>> > frutas
['banana', 'manzana', 'kiwi', 'banana', 'pera', 'manzana', 'naranja', 'uva']
>>> fruits.sort()
>>> fruits
['apple', 'apple', 'banana', ' plátano', 'uva', 'kiwi', 'naranja', 'pera']
>>> fruits.pop()
'pear'
```

En este lenguaje de programación vamos a centrarnos más en la lista en comparación con otras estructuras de datos. Vamos a ver cómo las pilas se pueden utilizar como listas en Python.

¿Cómo podemos usar la lista como las pilas?

A partir de los métodos que hemos estudiado anteriormente, es muy sencillo aplicar las listas como las pilas. Las pilas funcionan accediendo primero al último elemento agregado. Utiliza la técnica LIFO de acceso a los datos (Last In Last Out). A continuación se muestra un ejemplo de lo mismo;

```
>>> stack á [3, 4, 5]
>>> stack.append(6)
>>> stack.append(7)
>>> stack
[3, 4, 5, 6, 7]
>>> stack.pop()
7
>>> stack
[3, 4, 5, 6]
>>> stack.pop()
6
>>> stack.pop()
5
> >> pila
[3, 4]
```

¿Cómo podemos usar las listas como colas?

En Python, las colas también se pueden utilizar como listas. Lo que determina esta conversión es el modo en el que se accede a los datos. En términos de colas, utiliza la técnica FIFO de acceso a los datos donde el primer elemento al que se tuvo acceso fue el que se almacenó por primera vez.

Sin embargo, las listas no son adecuadas para convertir en colas. Esto se debe a que se convierte en un proceso lento ya que los elementos tienen que ser cambiados uno tras otro. En el ejemplo siguiente se muestra cómo podemos implementar las colas como listas;

```
>>> de colecciones import deque
>>> queue ? deque(["Eric", "John", "Michael"])
>>>  queue.append("Terry") - Terry llega
> >>  queue.append("Graham")  - Graham llega
>>>  queue.popleft() - El primero en llegar ahora sale
de 'Eric'
>>>  queue.popleft()  - El segundo que llega ahora sale de
'John'
>>>  queue - La cola restante en orden de llegada
deque(['Michael', 'Terry', 'Graham'])
```

Asignación

1. Las listas de comprensión

Estas son formas concisas en las que las listas se pueden crear por completo. El siguiente es un ejemplo de tal lista y por lo tanto se requiere para analizar la pieza de códigos y generar la otra lista;

```
>>> vec á [-4, -2, 0, 2, 4]
>>> - crear una nueva lista con los valores duplicados
>>> [x*2 para x en vec]
[-8, -4, 0, 4, 8]
 >>> Filtrar la lista para excluir números negativos
>>> [x para x en vec si x > á 0]
[0, 2, 4]
 >>> Aplicar una función a todos los elementos
>>> [abs(x) para x en vec]
[4, 2, 0, 2, 4]
>>> • llamar a un método en cada elemento
```

```
>>> fruta fresca á [' banana', ' loganberry ', 'passion fruit ']
>>> [weapon.strip() para arma en fruta fresca]
['banana', 'loganberry', 'passion fruit']
>>> - crear una lista de 2 tuplas como (número, cuadrado)
>>> [(x, x**2) para x en range(6)]
[(0, 0), (1, 1), (2, 4), (3, 9), (4, 16), (5, 25)]
>>> - la tupla debe estar entre paréntesis,
de lo contrario se genera un error
>>> [x, x**2 para x in range(6)]
Archivo "<stdin>", línea 1, en <módulo>
[x, x**2 para x in range(6)]
-
SyntaxError: sintaxis no válida
>>> - aplanar una lista usando con dos 'for'
>>> vec á [[1,2,3], [4,5,6], [7,8,9]]
>>> [num for elem in vec for for num in elem]
[1, 2, 3, 4, 5, 6, 7, 8, 9]
```

2. Estudiar sobre las tuplas y secuencias en las listas y analizar la simple pieza de código que se muestra a continuación; Sugerencia (las tuplas a continuación consisten en valores separados por el uso de comas

```
>>> t a 12345, 54321, 'hola!'
 >>> t[0]
12345
>>> t
(12345, 54321, 'hello!')
 >>> - Las tuplas pueden estar anidadas:
... u á t, (1, 2, 3, 4, 5)
>>> u
((12345, 54321, 'hello!'), (1, 2, 3, 4, 5))
>>> - Las tuplas son inmutables:
```

... t[0] á 88888
Traceback (la última llamada más reciente):
Archivo "<stdin>", línea 1, en <módulo>
TypeError: el objeto 'tuple' no admite la asignación de elementos
>>> contienen objetos mutables:
... v ([1, 2, 3], [3, 2, 1])
>>> v
([1, 2, 3], [3, 2, 1])

Conjuntos en lenguaje de programación Python

Los conjuntos se pueden definir como un grupo de elementos que no tiene ningún orden determinado, así como no elementos duplicados. En el mundo de la programación, los conjuntos se utilizan para comprobar la presencia de elementos de datos y también la eliminación de elementos repetidos. También pueden ayudar en cálculos matemáticos como diferencias, unión, diferencias simétricas e intersecciones.

Los conjuntos se crean mediante el uso de funciones de conjunto (). La precaución que se debe tener aquí es que en la creación de un conjunto vacío no debe utilizar los corchetes, sino utilizar los corchetes redondos. A continuación se muestra una ilustración de cómo se crean los conjuntos;

>>> cesta de la cesta de la cesta de la cesta de la cesta de la cesta de la cesta de la cesta de la cesta de la canción ,
"naranja", "manzana", "pera", "naranja", "banana",

"manzana"
>>> 'naranja' en la cesta - Prueba rápida de membresía
Verdadero
>>> 'crabgrass' en basketFalse

```
>>> • Demostrar operaciones de conjunto en letras únicas a
partir de dos palabras
...
>>> a - set('abracadabra')
>>> b ? set('alacazam')
>>> a - letras únicas en un
'a', 'r', 'b', 'c', ' d'a
>>> a - b - letras en a pero no en b
'r', 'd', 'b"
>>> a - b - letras en a o b o ambos
'a', 'c', 'r', 'd', 'b', 'm', 'z', 'l"
>>> a & b - letras en las letras a y b
"a', 'c">>>
a>  b ' en a o b, pero no ambas
'r', 'd', 'b', 'm', 'z', 'l'
```

En resumen, el lenguaje de programación python admite la lista y las comprensión de conjunto como se muestra a continuación;

```
>>> a x  para  x  en  'abracadabra'  si  x no está en  'abc'
>>> a
"r', 'd"
```

Los diccionarios

Este es uno de los tipos de datos útiles que existen en el lenguaje de programación Python. En otros lenguajes de programación, los diccionarios se utilizan como matrices asociativas y memorias. Se pueden ver como un grupo de claves únicas desorganizado o desordenado.

A diferencia de los conjuntos, los diccionarios vacíos se crean con llaves en lugar de corchetes redondos. Los valores de datos dentro de los diccionarios también están separados por el uso de las comas.

La mejor manera de describir el trabajo del diccionario es verlo como un contenedor que almacena algunos valores de datos mediante claves únicas y tener acceso a los valores con las mismas claves. En los casos en los que desee eliminar la clave, deberá aplicar la cláusula del.n. Al almacenar un valor con la misma clave, los valores de datos antiguos se actualizarán y, por lo tanto, se reemplazarán. Además, se produce un error si desea recuperar un valor de datos mediante una clave que no existe.

A continuación se muestra un ejemplo de cómo se utiliza el diccionario;

```
>>> tel á'jack': 4098, 'sape': 4139'
>>>> tel['guido'] á 4127
>>> tel
"sape': 4139, 'guido': 4127, 'jack': 4098'
>>>;tel['jack']
4098
>>> del  tel['sape']
>>> tel['irv'] á 4127
>>> tel
''guido': 4127, 'irv': 4127, 'jack': 4098'
 >>> list(tel.keys())
['irv', 'guido', 'jack']
>>> sorted(tel.keys())
['guido', 'irv', 'jack']
>>> 'guido' in in  tel
True
>>> 'jack' no en tel
False
```

En el ejemplo anterior, el constructor de la función dict () crea el diccionario directamente a partir de secuencias directas de pares de valores como se muestra a continuación;

>>> dict([('sape', 4139), ('guido', 4127), ('jack', 4098)])''
sape': 4139, 'jack': 4098, 'guido': 4127'

En resumen, al igual que en conjuntos y listas, los lenguajes de programación python admiten la comprensión del diccionario como se muestra a continuación;

>>> x: x**2 para x in (2, 4, 6)
2: 4, 4: 16, 6: 36o

OPERADORES BÁSICOS EN LENGUAJE DE PROGRAMACIÓN PYTHON

Estos son tipos de funciones que permiten al programador modificar y manipular datde manera eficiente y eficaz. Los siguientes son tipos de operadores básicos que son compatibles con el lenguaje de programación python;

1. Operadores de asignación

2. Operadores de comparación

3. Operadores aritméticos

4. Operadores de membresía

5. Operadores lógicos

6. Operadores bit a bit

7. Operadores de identidad

Los operadores de aritmética

Se trata de tipos de operadores que permiten al programador procesar y realizar cálculos matemáticos como expresiones informáticas y cálculos de descuentos. La tabla siguiente muestra los diferentes tipos de operadores aritméticos, sus funciones y ejemplos.

Símbolo	Nombre	Función	Ejemplo
+	Adición	Añade valor a la izquierda o a la derecha	>>>1 + 34
-	Resta	Resta valor a la derecha o a la izquierda	>>>10 – 46
*	Multiplicación	Multiplica los valores a la derecha o a la izquierda	>>>4 * 28
/	División	Divide el valor a la derecha o a la izquierda	>>>10 / 25.0
**	Exponente	Por lo general, realiza las operaciones o cálculos de exponente	>>>2**3 2 elevados a la potencia de 38
%	Módulo	Devuelve el resto después de un cálculo de división	>>>17 % 52
//	División de Piso	Realiza la división donde el resto del cociente se truncan sus números decimales.	>>>17 // 53

Los operadores de asignación

Estos operadores permiten al programador asignar valores a variables de una manera más eficaz y eficiente.

Operador	Función	Ejemplo
=	Asigna un valor de localizado en el lado derecho al operando en el lado izquierdo.	x á cx á b + cx a 8x a 8 + 6s " Adoro Python."
+ añadir y añadir y	Realiza la adición de datos izquierdo y derecho y, a continuación, asigna la salida al operando izquierdo	x x x + a x+-a
-restar y	Resta el valor del operando derecho del operando izquierdo y lo asigna al operando izquierdo.	x x x - a x-a
*- multiplicar y multiplicar	Multiplica tanto la izquierda como la derecha y se asigna el resultado a los datos izquierdos	x x x * a x*-a
/- dividir y	Divide el operando derecho con el operando izquierdo y asigna el valor al operando izquierdo	x x x / a x/-a
** exponente	Realiza las operaciones exponenciales en el operando izquierdo	x x x % x%-a

• división de pisos y	Realiza el cálculo de la división de suelo en el operando izquierdo.	x x x // x//a

Los operadores de comparación

Estos operadores funcionan como los tipos de datos booleanos donde comparan dos valores y devuelven una respuesta true o false. También se les conoce como operadores relacionales. Comparan principalmente los valores a la izquierda y a la derecha y devuelven una salida de true o false.

Operador	Significado	Ejemplo
==	Significa que es igual a	>>> 8 ? 6+2 Verdad
<	Significa que es menos de	>>>2<5 Verdad
>	Significa que es mayor que	>>> -1 > 0False
<o	Significa que es menor o igual que	>>>-2<-5 Falso
>	Significa que es mayor o igual que	>>> 7 > 5True
!=	Significa que no es igual a	>>> 6 !

Los Operadores Lógicos

El lenguaje de programación python solo admite tres operadores lógicos como se muestra en la tabla siguiente;

Operador	Función	Ejemplo
O	Evalúa el primer argumento y si es false evalúa el otro argumento	>>> (2x2) o (9<20)Verdadero >>> (3!
Y	Evalúa el primer argumento y si se convierte en true se mueve al segundo argumento, pero si el primer argumento es false, se evalúa.	>>> (8>9) y (2<9) Falso >>> (2>1) y (2>9) Falso
No	Si el primer argumento es false, devuelve un valor verdadero y viceversa	>>> no (8 > 2) Falso >>> no (2 > 10) Verdadero

En resumen, la siguiente es una tabla estándar de precedencia que se utiliza en el lenguaje de programación python. Estudiarlo cuidadosamente y dominarlo.

No	Descripción	Operadores
1	Exponentiation	**
2	Multiplicación, división, módulo y división de piso	*, /, %, //
3	Desplazamiento bit a bit a la derecha y a la izquierda	>>, <<
4	'OR' regular y exclusiva bit a bit 'OR'	|, ^
5	Operadores de igualdad	== !=
6	Operadores de identidad	es, no es
7	Operadores de membresía	en, no en, no en
8	Operadores lógicos	o, y, no
9	Operadores de asignación	=, +=, -=, *-, /=, %= //= **=
10	Operadores de comparación	<o < > >
11	Bitwise 'AND'	& &
12	suma y resta	+ -
13	Complemento, unario más y menos	~, +, -

CAPÍTULO 5

FUNCIONES DEFINIDAS POR EL CONTROL Y EL USUARIO

Introducción

Desde el capítulo anterior, hemos pasado por una serie de instrucciones y si hubiéramos podido combinar todos los códigos juntos entonces nuestro IDLE habría estado lleno. De esta manera, podemos dividir nuestros programas en problemas más pequeños que son muy fáciles de trabajar.

En este capítulo, vamos a aprender cómo dividir grandes fragmentos de programas en bits más pequeños mediante el uso de funciones. Vamos a crear las funciones y por lo tanto resolver problemas más grandes a través de problemas más pequeños. Los siguientes son los principales objetivos de este capítulo;

a) Desarrollar nuestras propias funciones.

b) Inserte valores en nuestras funciones mediante el uso de parámetros.

c) Obtener información de nuestras funciones mediante el uso de valores devueltos

d) Manipular las formas globales de variables, así como las constantes

e) Desarrollar programas sencillos.

En otras palabras, es importante tener en cuenta que las funciones proporcionan estructura, fiabilidad y eficacia y al lenguaje de programación Python. Antes de crear nuestras funciones vamos a estudiar sobre las funciones incorporadas que existen en el lenguaje de programación Python.

Función de entrada ()

Hay tantas maneras de introducir contenido en el programa y algunas de ellas incluyen; desde la memoria del ordenador, ratón-haciendo clic, escribiendo en el teclado, la base de datos e incluso la descarga de Internet. El tipo de entrada más utilizado durante la programación de Python es la entrada de la escritura del teclado. Como resultado, python desarrolló una función de entrada de usuario para la misma que normalmente se conoce como la "cadena de solicitud".

Esta función crea una plataforma interactiva porque cuando se llama a la función de entrada requiere que el usuario introduzca el programa. La cadena de solicitud proporciona la plataforma en la pantalla de visualización y devuelve el valor como una cadena al equipo. A continuación se muestra un ejemplo de un programa que ilustra el concepto anterior;

nombre : input("¿Puede sindicarme su nombre de pila? ")
print("Es bueno saber quer " + nombre + "!")
edad -input("¿Le importaría compartir su edad, por favor? ")
print("Me alegra saber que usted es " + edad + " años de edad, " + nombre + "!")

Entender nuestro código

Cuando mires de cerca nuestro código anterior, notarás que hay algo de espacio en la segunda línea inmediatamente después de la palabra que. El propósito principal del espacio es asegurar se debe a que la oración esté espaciada con razón cuando se imprima. Lo mismo se aplica incluso en la cuarta línea del código. Cuando guardamos y ejecutamos nuestro código, imprimirá lo siguiente;

¿Puede decirme su nombre, por favor?

El programa no continuará hasta que introduzca su nombre. Después de escribir su nombre, el programa procederá y responderá a usted que;

It is nice to know you John.

¿Te importaría compartir tu edad?

El programa pasará a la siguiente función de entrada mientras espera a que introduzca su edad. Después de haber insertado la edad del programa procederá e imprimirá;

Me alegra saber que tienes 23 años, John.

En resumen, la función de entrada del programa ayudará en el correcto desarrollo de las líneas de códigos porque lo hace más divertido y fácil de usar.

Función Rango ()

Esta función se utiliza en el lenguaje de programación Python para manejar eficientemente los cálculos aritméticos y progresiones mientras se trabaja con una serie de números. otra aplicación principal de esta función es mientras se trabaja con bucles en este lenguaje de programación. Vamos a estudiar el ejemplo siguiente y cómo se utiliza esta función;

```
>>> rango(6)
La salida resultante será: rango(0, 6)
```

Desde el código simple anterior podemos ver que la expresión oscila los enteros de cero a cinco. Para que pueda ver toda la lista de enteros en esta lista, utilizará el siguiente comando;

>>>list(range(6))
La salida resultante será: [0, 1, 2, 3, 4, 5]

Vamos a estudiar otra manera diferente en la que podemos utilizar la función de rango, pero aún así lograr lo que necesitamos;

>>>range (begin, end)

>>>rango (6, 10)

La salida resultante será; alcance (6, 10)

Si queremos mostrar la lista del rango, entonces escribiremos el comando;

>>> lista (rango(6, 10)))
6, 7, 8, 9, 10]

En el siguiente ejemplo, vamos a introducir un nuevo estilo de rango donde hay un cambio en el incremento de números mediante el paso como se muestra a continuación;

>>>rango (comienzo, fin, paso)

>>> rango(20, 81, 5)la salida resultante será: rango(20, 81, 5)

Cuando llamamos a la función, aparecerá la siguiente secuencia de números;

>>> lista (rango (20, 81, 5))
[20, 25, 30, 35, 40, 45, 50, 55, 60, 65, 70, 75, 80]

Función Imprimir ()

Inicialmente, esto no era una función en las otras versiones de python (Python 1 y Python 2). Se actualizó en una función en la última versión de Python que es la pitón 3. Como resultado, se supone que debe incluir los parámetros que se van a imprimir con los corchetes redondos o paréntesis. Los siguientes son ejemplos de cómo se utiliza la función;

```
print("Esta es una ilustración de la función de impresión de Python 3)
print(d)
print(8)
```

La precaución a tomar al imprimir un gran número de valores es separarlos usando las comas tal como se muestra a continuación;

```
x á 3.1423
y á "año"
z a 46

print ("x ", x, y, z)
La salida resultante será:
x a 3.1423 año 46
```

Otras funciones

La función abs ()

Se trata de un tipo de función que devuelve un resultado absoluto de un único número. Funciona evaluando un entero como argumento y, a continuación, generando un valor positivo de él. Los siguientes son ejemplos of cómo se utiliza;

```
>>> abs (-11)
la salida resultante será; 11
>>> abs(5)
10
```

En una situación en la que se utilizan números complejos, el resultado será la magnitud de los números como se muestra a continuación;

```
>>> abdominales (3 + 4j)
5.0
```

La función max ()

Esta función se utiliza para comparar dos o más expresiones o argumentos y, por lo tanto, generar el mayor de la expresión o argumentos como se muestra a continuación;

```
>>> max(10, 11, 7,15)
la salida resultante será: 15
>>> max(-2, -5, -45, -42)
la salida resultante será: -2
```

La función min ()

Esta función funciona de la manera opuesta de la función max (). Muestra lo menos en el argumento o expresiones, a continuación, lo imprime como se muestra a continuación;

```
>>> min(23, -109, 5, 2)
la salida resultante será: -109
>>> min(7, 26, 0, 4)
la salida resultante será: 0
```

La función type ()

Este es uno de los tipos especiales de función que se utiliza para clasificar el tipo de datos que existe en el argumento. Los siguientes son ejemplos de los mismos;

```
>>> type("Esto is a string")
la salida será:<clase 'str'>
>>> type(12)
la salida será: <class 'int'>
>>>type(2 +3j)
la salida será:<class ' complex'>
>>> type(215.65)
la salida será: <clase 'float'>
```

La función de lente ()

Esta función se utiliza para evaluar el tamaño de un objeto o contar el número de elementos que existen en una lista determinada de un argumento o expresión como se muestra a continuación;

```
>>>len("pneumonouloscopicsilicovolcanokoniosis")
la salida será: 37
>>> s á ("invierno", "verano", "otoño")
>>> len(s)
la salidaserá: 3
```

En resumen, hay muchas otras funciones integradas de Python que desempeñan diferentes roles. Vamos a enumerarlos a continuación para que pueda ser consciente de su existencia;

Abs	Método de clase	Filtro	Id	Mapa	Impresión	
todo	Compilar	Flotador	_import_	máximo	Repr	
Cualquier	Complejo	Formato	Entrada	Vista de memoria	Invertida	
Ascii	Delattr	Frozenset	Int	Min	Redondo	
Bin	Dict	Getattr	Isinstance	próximo	Establecer	Zip
Bool	Dir	Globals	Issubclass	Objeto	Setattr	Vars
Bytearray	Divmod	Hasattr	Iter	Octubre	Rebanada	Tipo
Bytes	Enumerar	Hash	Len	Abierto	Ordenados	Tupla
Accesible	Eval	Ayuda	Lista	Ord	Método estático	fenomenal
Chr	Exec	Hexagonal	Lugareños	Pow	Str	Suma

Nota: Se aconseja que al escribir las funciones no se olvide de escribir el corchete redondo para que pueda ser reconocido como una función y no como una palabra.

Creación de funciones

Las funciones se pueden definir como un bloque de instrucciones que funcionan para lograr un objetivo específico y se pueden utilizar repetidamente en el programa. También se pueden llamar, procedimientos, rutinas, subprogramas e incluso subrutinas.

Hemos interactuado con varias funciones incorporadas en el lenguaje de programación Python en la sección anterior. Sin embargo, a veces estas funciones no son adecuadas para nosotros y necesitamos crear otras nuevas para operaciones complejas. Python nos permite crear nuevas funciones que se adapten a nuestras necesidades. Estas funciones funcionan de manera eficiente como las que están dentro de la biblioteca del lenguaje de programación python. Además, hay muchas ventajas que acompañan alas funciones definidas por el usuario. La principal ventaja es la flexibilidad de dividir un fragmento de código grande en un pequeño fragmento de código manejable. Esto hace que el proceso de programación sea muy fácil y agradable de trabajar.

El siguiente es un ejemplo de un programa de un juego tic TAC con funciones definidas por el usuario. Estudiar cuidadosamente;

```
# Demonstrates programmer-created functions
# Michael Dawson - 2/21/03

def instructions():
    """ Display game instructions."""
    print \
    """
```

```
Welcome to the greatest intellectual challenge of all time: Tic-Tac-Toe.
This will be a showdown between your human brain and my silicon processor.

You will make your move known by entering a number, 0 - 8. The number
will correspond to the board position as illustrated:

        0 | 1 | 2
        -----------
        3 | 4 | 5
        -----------
        6 | 7 | 8

Prepare yourself, human. The ultimate battle is about to begin. \n
    """
```

Cómo definir una función creada

A partir del ejemplo anterior, la función se simplifica se define como; "instrucciones de f():"

La función principal de esta línea es que informa al ordenador que las siguientes funciones se utilizan como funciones inmediatamente después de la palabra "Instrucciones". En otras palabras, cuando se invoca el bloque de instrucción, siempre se ejecuta la función "instructions ()". Todas las líneas de códigos y la función de instrucción se denomina "Definición de función".

Es importante tener en cuenta que la función definida ilustrada anterior mente no ejecuta el código, pero nos da la idea de lo que hará la función. En el otro extremo, cuando el equipo ve la función definida, la marca y la programa para que se pueda usar más adelante. Sólo ejecuta la función una vez que se ha invocado una llamada o se ha llamado a la función.

En resumen, esta es la forma en que se supone que debe seguir cuando ha creado su propia función y debe definirla para que el equipo pueda reconocerla y ejecutarla cuando invoque la función. Vamos a hacer un breve resumen del proceso para que pueda llegar a entender más.

Comience con "def", luego escriba el nombre adecuado de su función. Después del nombre, inserte los paréntesis redondos () inmediatamente seguidos de dos puntos y, a continuación, puede escribir las líneas de códigos con sangría. Debe tener cuidado al nombrar la función mediante las directrices para nombrar las variables. Lo más importante es nombrarlo en la dirección de lo que está destinado a lograr en el programa.

Los siguientes son ejemplos de funciones creadas;

Ejemplo 1

```
def love_cakes():
print "Me encantan los pasteles!"
```

la salida es: ¡Me encantan los pasteles!

Ejemplo 2

En este ejemplo, usamos el número como parámetro existente en la función absolute_integer. Por lo tanto, será el nombre de la variable, así como contendrá el valor evaluado en la expresión.

```
def absolute_integer(número):
si el número > 0:
return number
else:
return –number
print(absolute_integer(4))
print(absolute_integer(-6))
```

La producción resultante será

4

6

Ejemplo 3

En el ejemplo siguiente se muestra una ilustración de una función que utiliza la expresión de bucle.

```
def shutdown(yn):
if yn.lower() á "y":
return("Cerrar archivos y cerrar")
elif yn.lower() á ("n"):
return("Shutdown cancelled")
else:
return("Por favor, compruebe su respuesta.")
print(shutdown("y"))
print(shutdown("n"))
print(shutdown("x"))
```

La salida resultante se convertirá en;

Cierre de archivos y cierre
Apagado cancelado
Compruebe su respuesta.

NOTA: LAS FUNCIONES DEFINIDAS POR EL USUARIO
PUEDEN ACOMODAR MÁS DE UN PARÁMETRO.

El ejemplo siguiente muestra una función que toma más de un
parámetro para completar algunos cálculos.

```
def calculation(a, b):
return a * b + 2
print(calculator(2,6))
print(calculator(3,7))
```

La salida resultante de la función se convierte;

14

23

¿Pueden las funciones invocar otras funciones?

Es muy cierto que aparte de las funciones que realizan muchas otras
funciones, también pueden llamar a otras funciones. Vamos a
estudiar los ejemplos a continuación para ver cómo esto puede ser
posible.

```
def mem_total(n):
return n * 4
def org_total(m):
return mem_total(m) + 5
```

Para que podamos monitorear las diferentes actividades realizadas por los códigos anteriores, introduciremos los siguientes comandos;

```
print(org_total(2))
print(org_total(5))
print(org_total(10))
```

La salida resultante será:

11

20

35

Cómo documentar su función

En esta sección aprenderemos de una forma especial de comentar o documentar nuestras propias funciones definidas. Usaremos una cadena de documentación bien conocida como Docstring para documentar las funciones definidas por el usuario.

El Docstring es una "triple-quoted-string" que se supone que se utiliza en su primera línea durante la creación de su propia función. En el caso de funciones simples, usted puede estar en libertad de explicar lo que hace desde la primera línea. Sin embargo, la función puede funcionar eficientemente sin la colocación de la Docstring, pero me gustaría animarle a utilizarla siempre para que pueda ser perfecta para documentar y almacenar para futuras referencias. Además, puede aparecer durante la invocación de la función en comparación con una sesión interactiva.

Cómo invocar/llamar a una función definida por el usuario

En esta sección, es muy similar a cómo llamamos a las funciones de Python incorporadas. Debe utilizar el nombre apropiado de la función y el conjunto de corchetes redondos como se muestra a continuación;

Instrucciones ()

En resumen, el equipo es capaz de identificar la función y, por lo tanto, ejecutar la función cada vez que se invoca. El proceso de escribir y definir sus propias funciones se conoce como abstracción.

Uso de los espacios de nombres en variables y constantes globales

En una definición simple, los espacios de nombres pueden estar relacionados con componentes que distinguen o separan diferentes partes del programa entre sí. Por ejemplo, para distinguir diferentes funciones, utilizará los espacios de nombres. Es cierto concluir que cada función contiene su propio espacio de nombres.

Otra ilustración sencilla de cómo funcionan los espacios de nombres es verlos como coches. También es importante traer el concepto de encapsulación como las ventanas tintadas del coche para fines de privacidad. En este escenario, es posible ver las cosas dentro del coche mientras estás dentro del coche y no fuera del coche debido a las ventanas tintadas. En términos simples, cuando se encuentra dentro de la función, puede acceder y manipular todas las variables que están dentro de esa función en particular. Cuando está fuera de la función, puede acceder ni manipular ninguna de las variables que existen en la misma función. Se le recuerda que cuando está fuera de la función, debe estar dentro del espacio de nombres global.

En resumen, las variables globales forman la plataforma sobre dónde ejercer la encapsulación.

Cómo leer una variable global desde el lado de la función

Es importante recordar que podemos leer los valores de cualquier variable global desde cualquier punto de un espacio de nombres global. En el mismo caso, podemos leer las variables globales desde el interior de las funciones tal como vimos en la ilustración de un coche con ventanas tintadas. La única desventaja que existe en este punto es que no se pueden cambiar los valores de las variables desde dentro de la función. En otras palabras, puede ver las variables globales, pero no puede acceder ni manipular las variables.

Los conceptos de la sombra

Este es el proceso de dar a una variable global el mismo nombre que el de la función. Cuando esto se hace, decimos que el sombreado de la variable global se realiza mediante la función. Esto no permite cambiar nada en la función, pero solo puede cambiar en la variable local.

NOTA: no es una buena idea realizar sombras porque a menudo conduce a confusión. El uso compartido de nombres puede ser distraído porque puede confundir una función con una variable global. Es bueno ser creativo para que asigne a las variables globales nombres diferentes al que se asigna a la función.

¿Cómo manipulamos las variables globales desde dentro de la función?

Para que el programador obtenga acceso a la variable global, debe usar la palabra clave "global". Como resultado, la función puede tener acceso completo a la variable global y, por lo tanto, realizar los cambios específicos que son necesarios.

En conclusión, el alcance y el objetivo de las variables locales suele ser el lugar donde se verifican las secciones del programa. La vida útil de una variable local suele estar en la memoria del ordenador. Por lo general se define por el tiempo que se mantiene dentro de la memoria. Cuando se devuelve la función, coincide con la longitud de la variable local.

CAPÍTULO 6

LOOPS Y DECLARACIONES CONDICIONALES

Introducción

En el aspecto práctico del mundo común, hay momentos en los que tenemos que tomar decisiones difíciles, así como fáciles. Usted puede decidir tomar una decisión dependiendo de la experiencia pasada o totalmente una experiencia más reciente. Las mismas situaciones también se producen en los campos de programación.

Las instrucciones condicionales y los bucles son partes comunes de los lenguajes de programación que existen en el mundo moderno. Normalmente se utilizan para realizar cálculos y acciones que se basan en condiciones de valores verdaderos o falsos. Algunas de las instrucciones condicionales incluyen if-then-else, while y otros. En esta sección, vamos a trabajar en condiciones de verdad o resultados falsos. Es importante tener en cuenta que en el lenguaje de programación Python, cualquier respuesta que sea cero o nula siempre es una respuesta falsa; de lo contrario es cierto.

En el otro extremo, la parte de bucle crea los aspectos repetitivos de las instrucciones condicionales. En el lenguaje de programación Python, sólo hay dos provisiones de los bucles que incluyen "the while" y "the for-loop". Se utilizan para permitir que el bloque de códigos se repita varias veces a medida que se ejecutan hasta que se cumple una condición.

Las declaraciones condicionales

Las instrucciones condicionales también pueden denominarse estructuras de decisión. Vamos a considerar algunas de las estructuras decisivas que se utilizan en la toma de decisiones en Python.

La declaración IF

Este tipo de instrucción condicional consta de un único argumento o expresión booleana que va acompañada de una instrucción que se ejecutará si el resultado de la booleana es true. A continuación se muestra un ejemplo de lo mismo;

Ejemplo 1

```
Edad 23
Si (edad 23):
print("La edad es 23")
print("¡Que tengas un buen día!")
```

La salida del código en la ejecución será;

```
La edad es
23¡Que tengas un buen día!
```

Entender nuestro código

En el ejemplo anterior, la palabra clave "if" va a indicar al equipo que el siguiente fragmento de código que se escribe es una instrucción de decisión o condicional. Funciona evaluando la condición si es verdadera o no. Si la condición se convierte en true, se imprime el código, pero si es false, el equipo omite y pasa a la siguiente pieza de código.

La instrucción If-Else

Este tipo de instrucción condicional se utiliza cuando hay un intervalo de condiciones que se van a analizar. Por ejemplo, cuando la primera condición es verdadera y hay otros pasos o condiciones que se van a evaluar, esta instrucción condicional es adecuada. Con el fin de entender bien esta declaración condicional, entonces estudiaremos la estructura a continuación;

```
si condition1:
block1_statement
elif condition2:
block2_statament
else:
block3_statement
```

Comprender nuestra estructura

Si la primera condición se convierte en true, su instrucción correspondiente se ejecutará al instante. En el otro extremo, si es false, el equipo cambiará para ejecutar la siguiente condición. El mismo patrón continúa para el siguiente bloque de código. Si resulta que el siguiente bloque también era false, el siguiente bloque de código se ejecutará hasta que las opciones terminen.

A continuación se muestra un ejemplo para ilustrar la instrucción condicional;(el ejemplo tiene una función definida por el usuario)

```
def your_choice(respuesta):
si respuesta > 5:
```

```
print("Estás sobreenvejecido.")
respuesta elif <o 5 y respuesta >1:
print("¡Bienvenido al club del niño!")
else:
print("Eres demasiado joven para el Club de Niños
Pequeños.")
print(your_choice(6))
print(your_choice(3))
print(your_choice(1))
print(your_choice(0))
```

La salida resultante para el fragmento de código anterior será;

Estás envejecido.
Ninguno¡
Bienvenido al Club de Niños!
Ninguno
Usted es demasiado joven para Toddler's Club.
Ninguno
Usted es demasiado joven para Toddler's Club.
Ninguno

Insertar la declaración de Elif

Las estructuras de control de decisiones que se usan como instrucciones condicionales pueden ramificarse para tener muchas ramas elif. Lo especial de esta declaración es que le permite confirmar si algunas de las instrucciones son realmente verdaderas. A continuación se muestra la estructura de cómo se supone que se debe usar la instrucción elif;

```
If expression1:
statement(s)
```

```
elif expression2:
statement(s)
elif expression3:
statement(s)
else:
   declaración(es)
```

A continuación se muestra una aplicación directa de la sintaxis anterior. Estudie cuidadosamente y marque las declaraciones elif;

```
print("Vamos a disfrutar de una pizza! Ok, vamos dentro de Pizzahut!")
 print("Waiter, Por favor, seleccione Pizza de su elección del menú")
pizzachoice - int(input("Ingrese su elección de Pizza:"))
si pizzachoice 1:
print('Quiero disfrutar de una pizza napoletana')
elif pizzachoice 2:
print('Quiero disfrutar de una pizza rustica')
elif pizzachoice 3:
print('I Want to enjoy a pizza capricciosa')
 otra cosa:
print("Lo siento, no quiero ninguna de las pizzas
enumeradas, por favor traiga una Coca Cola
para mí.")
```

Las instrucciones elif se insertan para traer más plataformas para la adición de condiciones como se muestra en el ejemplo siguiente;

```
def your_choice(respuesta):
si respuesta > 5:
print("Estás sobreenvejecido.")
respuesta elif < 5 y respuesta >2:
print("¡Bienvenido al club del niño!")
```

elif respuesta a la respuesta 2:
print("Bienvenido! ¡Eres un miembro estrella del Club de Niños Pequeños!")
else:
print("Eres demasiado joven para el Club de Niños Pequeños.")
print(your_choice(6))
print(your_choice(3))
print(your_choice(1))
print(your_choice(0))
print(your_choice(2))

La salida resultante del bloque de códigos anterior será:

Estás envejecido.
Ninguno ¡
Bienvenido al Club de Niños!
Ninguno
Usted es demasiado joven para Toddler's Club.
Ninguno
Usted es demasiado joven para Toddler's Club.
Ninguno
Bienvenido! ¡Eres un miembro estrella del Club de Niños Pequeños!
Ninguno

Es muy importante tener en cuenta que algunos otros libros y centros de recursos llaman a esta característica THE NESTED IF. Se utilizan principalmente para hacer más oportunidad de utilizar las funciones "if-else". Crean más plataformas donde puedes introducir más condiciones en el programa.

Antes de concluir sobre estructuras de control decisivas vamos a estudiar sobre las formas en que podemos determinar si nuestras declaraciones condicionales son verdaderas o falsas;

Expresiones	La Condición será verdadera si;
A-B	A es igual a B
A!-B	A no es igual a B
A<B	A es menor que
A>B	A es mayor que B
A<-B	A es menor o igual que B
A>-B	A es mayor o igual que B

A continuación se muestra un ejemplo que ilustra la información de la tabla anterior;

> age á int(input("Ingrese your age:"))
> si (edad <-18):
> print("Usted no es elegible para votar, intente las próximas elecciones!")
> print("El programa termina")

La salida resultante se convertirá en;

> Ingrese su edad:18
> Usted no es elegible para votar, ¡pruebe las próximas elecciones!
> Finaliza
> el programa Ingrese suedad :35
> Finaliza el programa

Bucle

En este punto del libro, hemos visto cómo podemos ampliar nuestro programa de varias maneras con el fin de manipular y acceder a la información. Como resultado, el número de variabless y funciones siguen creciendo cada paso. En esta sección vamos a considerar una nueva técnica de trabajar con una secuencia de información que se conoce como bucle.

Las instrucciones Looping se utilizan en una situación en la que desea volver a ejecutar o reescribir un bloque de instrucciones en un número repetido de veces. Por lo general, se requiere que se ate la instrucción en un bucle para que pueda aparecer el número de veces que necesita en el sistema. En el lenguaje de programación Python, se le permite aplicar de dos a tres tipos de bucles que le harán repetir sus códigos al número de su satisfacción. Los tres tipos de bucles en lenguaje python incluyen;

- Las instrucciones Nesting loops

- Las instrucciones for-loop y

- Las instrucciones while-loop

El bucle While

Este tipo de bucle de control solo es adecuado para situaciones en las que desea ejecutar algún bloque de código durante un período de tiempo fijo antes de que se detenga. En otras palabras, el bucle while funciona en una instrucción de destino y en la mayoría de las veces, funciona cuando la condición es verdadera. El bloque de instrucción continúa ejecutándose si la instrucción permanece verdadera. Cuando se convierte en false, vuelve al primer bloque de la instrucción. La siguiente es la estructura básica de un bucle while;

Mientras
   que la declaración
   de la condición

Vamos a estudiar el ejemplo siguiente del bucle while y ver cómo funciona la instrucción de bucle;

Ejemplo 1

```
contador 0
mientras (contador < 10):
print('El recuento es:' , contador)
contador - contador + 1
print("Hecho!")
```

La salida será:

```
l.py
El recuento es: 0
El recuento es: 1
El recuento es: 2
El recuento es: 3
El recuento es: 4
El recuento es: 5
El recuento es: 6
El recuento es: 7
El recuento es: 8
El recuento es: 9
Hecho!
```

Ejemplo 2

```
contador 1
while(counter <-3):
```

```
principal á int(input("Enter the principal amount:"))
numberofyears á int(input("Enter the number of years:"))
  rateofinterest á float(input("Enter the rate of interest:"))
simpleinterest á principal * numberofyears *
rateofinterest/100
print("Interés simple á %.2f" %simpleinterest)
  #increase el contador por 1
contador de contador + 1
impresión ("Usted ha calculado el interés simple para  la  3a
vez!")
```

Asignación

Siga el ejemplo 2 y anote la salida esperada de los bucles while
cuando se ejecuta el código.

¿Cuándo usamos la instrucción pass?

Esta es una muy buena pregunta que se hace por la mayoría de las
personas que aprenden las declaraciones de bucle python. Este tipo
de declaración simplemente informa al equipo para que no haga nada
completamente en el punto donde se ha escrito. Sin embargo,
muchas personas tienden a confundir esta parte como el final del
programa. Este no es el final del programa porque el intérprete
continuará ejecutando otras instrucciones después de la instrucción
pass. Esta instrucción se utiliza en lugares donde el programador
Python necesitas para insertar una línea y la función o el programa
no necesita actuar en la línea.

A continuación se muestra la sintaxis de la instrucción pass;

```
def function_name(x):
pass
```

El bucle for

El criterio de bucle se utiliza en una situación en la que desea que el bucle se repita un cierto número de veces antes de que termine. La palabra clave principal que introduce este tipo de bucle es "for", que va seguido de un nombre de variable que tiene el valor que se va a evaluar. La estructura o la sintaxis del bucle for se muestra a continuación;

```
para variable in list:
    statements
else:
    statements
```

A continuación se muestra un ejemplo de la aplicación de for-loop en Python;

```
pizza ["Pizza al estilo de Nueva York", "Pan Pizza", "Thin n
Crispy Pizza", "Stuffed CrustPizza"]para la elección en
pizza:if opción "Pan Pizza":print("Por favor, pague $16.
¡Gracias!") print("Delicious, cheesy " +
choice)else:print("Cheesy pan pizza is my all-time
favourite!") print("¡Finalmente, estoy lleno!")
```

La salida resultante cuando se ejecuta el código será:

Deliciosa, cursi Pizza estilo Nueva YorkPor favor, pagar $16. ¡Gracias! Delicioso, cursi Pan PizzaDelicious, cursi Thin n Crispy PizzaDelicious, cursi relleno Crust PizzaCheesy pan pizza es mi favorito de todos los tiempos! ¡Por fin, estoy lleno!

Asignación

En el ejemplo siguiente, analice y estudie la salida del código cuando se ejecuta y, por lo tanto, desarrolle un programa similar;

```
#write una tabla de multiplicación de 1 a 10
Para x en xrange(1, 11):
Para y en xrange(1, 11):
Imprimir '%d á %d' % (x, y, x*x)
```

La salida esperada será:

```
1*1 a 1
1*2 a 2
1*3 a 3
1*4 a 4
```

¿Cuándo usamos la instrucción break?

En Python, este tipo de instrucción se utiliza para finalizar el bucle actualmente en ejecución y pasar al siguiente bloque de la instrucciónes. Informa al intérprete de que el tiempo para ejecutar el bucle actual ha terminado y, por lo tanto, debe terminar y pasar al siguiente bloque de instrucción inmediatamente después del bucle. En el otro extremo, también se puede utilizar para detener la ejecución de las instrucciones else. También es importante tener en cuenta que se coloca después de la función de impresión.

En el ejemplo siguiente se muestra cómo se utiliza la instrucción break en el lenguaje de programación Python;

```
pizza ["Pizza al estilo de Nueva York", "Pan Pizza", "Thin n
Crispy Pizza", "Stuffed CrustPizza"]para la elección en
pizza:if opción "Pan Pizza":print("Por favor, pague $16.
¡Gracias!") breakprint("Delicious, cheezy " +
```

choice)else:print("Cheezy pan pizza es mi favorito de todos los tiempos!") print("¡Finalmente, estoy lleno!") La cáscara de Python ahora mostrará:Delicious, cheezy New York Style PizzaPor favor, pagar $16. ¡Gracias! ¡Por fin, estoy lleno!

¿Cuándo usamos la instrucción continue?

Este es también otro tipo especial de instrucción que se utiliza para restaurar el control del programa de nuevo a donde comenzó. Es aplicable tanto en el while como en el for-loops. Usaremos el ejemplo siguiente para ilustrar cómo se utiliza la instrucción continue en Python;

pizza ["Pizza al estilo de Nueva York", "Pan Pizza", "Thin n Crispy Pizza", "Stuffed CrustPizza"]para la elección en pizza:if opción "Pan Pizza":print("Por favor, pague $16. ¡Gracias!") continueprint("Delicious, cheesy " + choice)else:print("Cheesy pan pizza is my all-time favourite!") print("¡Finalmente, estoy lleno!")

La salida resultante para el código será:

Deliciosa, cursi Pizza estilo Nueva YorkPor favor, pagar $16. ¡Gracias! Delicioso, cursi Thin n Crispy PizzaDelicious, cheesy relleno Crust PizzaCheesy pizza pan es mi favorito de todos los tiempos! ¡Por fin, estoy lleno!

Integración del For-loop con la función Range

Se trata de una combinación especial que se produce entre una instrucción de bucle y una función. La combinación de los dos se realiza principalmente con el fin de obtener valores que son adecuados para ser evaluados más especialmente por el bucle.

El siguiente es un ejemplo sencillo de cómo se aplica la combinación en Python;

```
x – 50
total – 0
para el número en el rango(1, x+1):
total - total + number
print("Suma de 1 hasta %d: %d" % (x, total))
```

La salida de las líneas de códigos anteriores cuando se ejecuta será;

```
l.py
Sum de 1 hasta 50: 1275
```

En resumen, las instrucciones de bucle se utilizan para ayudarnos a lograr varias tareas en casi todos los lenguajes de programación. Es necesario conocer el tipo de instrucción de bucle que necesita para lograr lo que desea.

Ejercicio práctico

Determine la salida del siguiente fragmento de código e identifique las partes y el tipo de instrucción de bucle que se ha utilizado para lograr las líneas de códigos;

```
• Mida algunascuerdas:
palabras ['manzana', 'mango', 'banana', 'naranja']
para w en palabras:
print(w, len(w))
```

CAPÍTULO 7

MÓDULOS, ENTRADA Y SALIDA

Introducción

Cuando se definen las funciones y variables en el lenguaje de programación python y se cierra el intérprete de Python, las definiciones se pierden. Esto será una gran desventaja para usted si usted está escribiendo programas muy largos. Para que pueda escribir el programa largo, se le pedirá que utilice el editor de texto y transferirlo al intérprete al finalizar. Este concepto se conoce como Scripting. Es posible que desee dividir su programa largo en códigos cortos manejables que serán más fáciles de editar y mantener.

En Python, el scripting y la definición de variables y funciones se realizan de una manera especial y se almacenan en un archivo para que pueda ser utilizado en el intérprete como un script. El archivo que se utiliza como un script se conoce como un módulo. Los módulos pueden ser manipulados por otros módulos. Siempre hay una ranura en Python hara el módulo principal. El módulo principal se puede definir como un grupo de variables que se pueden manipular desde el script.

En otras palabras, un módulo se puede describir como un archivo que contiene las definiciones de Python, así como un bloque de instrucciones. Por ejemplo, vamos a crear un programa en el editor de texto como se muestra a continuación con el fin de generar un script a partir de él.

> • Fibonacci números module
> def fib(n): á escribir la serie Fibonacci hasta n
> a,b a 0, 1
> mientras que b < n:
> print(b, end" ')
> a, b á b, a+b
> print()
> def fib2(n): • Devolver la serie de Fibonacci hasta n
> resultado á []
> a, b a 0, 1
> mientras que b < n:
> result.append(b)
> a, b a b, a+b
> resultado de retorno

Lo importaremos desde el editor de texto mediante el uso del comando import

> >>> importar fibo

El módulo que se generará es el que se introduce desde el editor de texto que tiene directamente los nombres de las funciones. El nombre del módulo se convertirá en fibo. Como resultado, obtendrá las funciones que se muestran a continuación;

> >>> fibo.fib(1000)
> 1 1 2 3 5 8 13 21 34 55 89 144 233 377 610 987
> >>> fibo.fib2(100)
> [1, 1, 2, 3, 5, 8, 13, 21, 34, 55, 89]
> >>> fibo.__name__
> 'fibo'

También podemos tomar la opción de tener un nombre local en la función como se muestra a continuación;

```
>>> fib á fibo.fib
>>> fib(500)
1 1 2 3 5 8 13 21 34 55 89 144 233 377
```

E. Esta es la plataforma donde puede contener muchas instrucciones ejecutables dentro del módulo. El objetivo principal de las instrucciones contenidas en el módulo es inicializar el módulo para que cuando se encuentre el nombre del módulo, se conoce como una instrucción importada. En otras palabras, las instrucciones ejecutables se pueden ejecutar si el archivo se importa como un script.

Es muy cierto que los módulos tienen su propia tabla de símbolos. Las tablas de símbolos son privadas para todos y cada uno de los módulos. La principal ventaja que acompaña a este tipo de tablas de símbolos privados es que el programador es libre de utilizar cualquier variable global sin interferir con las mismas propiedades de variable global. En el otro extremo, los módulos pueden adquirir otras propiedades o parámetros del módulo simplemente importando el módulo secundario. Además, al importar otros módulos, el programador debe colocar el nombre del módulo secundario en su tabla de símbolos privada.

Vamos a estudiar la tabla siguiente y examinar la importación de módulos y la asignación de nombres a la tabla de símbolos.

```
>>> de fibo import fib, fib2
>>> fib(500)
1 1 2 3 5 8 8 13 21 34 55 89 144 233 377
```

Entender nuestro código

A partir del ejemplo anterior, el fibo aún no se ha definido. Quiero creer que ha observado la importación antes de pasar al siguiente ejemplo. Me gustaría aconsejar que si usted no ha entendido entonces usted no debe apresurarse al siguiente ejemplo.

Observemos también el siguiente ejemplo para profundizar nuestra comprensión en la importación de módulos.

```
>>> de la importación de fibonacci *
>>> fib(500)
1 1 2 3 5 8 13 21 34 55 89 144 233 377
```

Del ejemplo anterior, la acción que se espera es la importación de todos los nombres con la excepción de los que comienzan con el símbolo de subrayado

Sin embargo, a la mayoría de los programadores de Python no les gusta este tipo de procesos porque requiere un uso entusiasta de los comandos y la explotación de definiciones de funciones. También conduce a una mala lectura y organización de códigos en el intérprete y por lo tanto la mayoría de los programadores tienden a evitarlo.

Por otro lado, le recomiendo que intente utilizar esta característica porque nos ayuda durante la creación y aplicación de sesiones interactivas durante la programación.

¿Cómo ejecutamos módulos como scripts?

Los módulos de Python se pueden ejecutar e importar al mismo tiempo para ser utilizados en otro módulo de un archivo diferente.

Para lograr esta operación tendremos que escribir el siguiente código;

```
si __name__ "__main__":
importar sys
fib(int(sys.argv[1]))
```

El código anterior permitirá que el archivo se ejecute como un script porque el código se guarda como un módulo ordenado impy por lo tanto la línea de comandos se ejecuta cuando el archivo se lee como el archivo "principal" tal como se muestra a continuación;

```
$ pitón fibo.py 50
1 1 2 3 5 8 13 21 34
```

Por otro lado, si el código no se ejecuta, significa que el código no se importó correctamente y, por lo tanto, aparecerá como se muestra a continuación;

```
>>> importar fibo
>>>
```

La aplicación principal de esta característica es cuando el programador quiere interconectar el módulo con el fin de probar el código.

El módulo estándar

El lenguaje de programación python está equipado con una lista de módulos estándar que se almacenan en la biblioteca python. La biblioteca python se conoce a menudo como la "Referencia de la biblioteca de Python". Podemos decir con confianza que algunos módulos también están cifrados en el intérprete con el fin de proporcionar acceso a otras operaciones que no pertenecen al idioma principal. Algunas de estas operaciones incluyen llamadas al sistema y otras. pueden ser operaciones integradas o definidas por el usuario. Por ejemplo, estos módulos cifrados se pueden etiquetar como "sys". El ejemplo siguiente muestra la aplicación de algunos de los módulos estándar;

```
>>>Importar sys
>>> sys.ps1'
>>> '
>>> sys.ps2
'...'
>>> sys.ps1 ''C> '
C> print('Yuck!')
¡Yuck!
C>
```

Del ejemplo anterior podemos ver las variables sys.ps1 así como el sys.ps2 que se utilizan como prolopas primarias y secundarias respectivamente. Las variables anteriores se definen una vez que el intérprete solo está en el modo interactivo.

LA ENTRADA Y LA SALIDA

Introducción

En este subcapítulo, vamos a estudiar algunas de las formas en que la salida del bacalao es puede ser almacenada, presentada en un formato legible por el ser humano e incluso guardada para su uso y modificación en el futuro.

Hay una serie de maneras en que podemos generar y expresar valores durante la programación. Algunas de las maneras que podemos usar para lograr esto son por;

- utilizando las instrucciones de expresión,

- utilizando la función write () junto con los métodos que tienen los objetos y finalmente

- El uso de la función de impresión ().

Con el fin de presentar sus líneas de códigos de una manera formateada que también puede ser entendido por otros programadores puede utilizar los siguientes dos procedimientos de formato;

- Organización de las cuerdas. Esto también se conoce como "Manejo de cuerdas". Logró mediante operaciones de corte y concatenación para crear un diseño con formato.

- El uso de literales en arreglos de cadena. En este tipo de formato, no tenemos que preocuparnos porque el lenguaje de programación python nos ofrece una plantilla en la que nos ayudará en la sustitución de las cadenas.

La principal preocupación que se elevará por encima de nuestras cabezas es la conversión de valores en cadenas para que pueda adaptarse a los estilos de formato anteriores. Por suerte, el lenguaje de programación python ofrece formas más sencillas de convertir valores en cadenas. Podemos usar la función repr () o la función str () para convertir los valores en cadenas.

La función Str () funciona devolviendo el formato humano-legible de los valores, mientras que la función repr () funciona mediante una generación de representaciones de valor que sólo puede ser reconocida por el intérprete. Sin embargo, hay situaciones en las que la función STR () actuará como repr (). Estas situaciones incluyen cuando los objetos en su lugar no se pueden reconocer en un formato humano-legible.

Los siguientes son algunos ejemplos;

```
>>> s á 'Hola, mundo.'
 >>> str(s)
'Hola, mundo.'
 >>> repr(s)
"'Hola, mundo.'"
>>> str(1/7)
'0.14285714285714285'
>>> x = 10 * 3.25
>>> y = 200 * 200
>>> s = 'The El valor de x es ' + repr(x) + ', y y es ' + repr(y)
+ '...'
>>> print(s)
El valor de x es 32.5, y y es 40000...
 >>> - El repr() de una cadena añade comillas de cadena y
barras diagonales inversas:
... hola a 'hola, mundon'
>>> hola a repr(hello)
>>> print(hellos)
'hello, world'n'
>>> El argumento de repr() puede ser cualquier objeto
Python:
... repr((x, y, ('spam', 'eggs')))
"(32.5, 40000, ('spam', 'eggs'))"
```

En el ejemplo anterior, podemos reconocer el espaciado entre las columnas como una ilustración de cómo funciona la función print (). También podemos ver las funciones Str () como str.rjust, str.ljust y str.center ().

Vamos a estudiar también otras características en el ejemplo siguiente;

```
>>> para x en rango(1, 11):
... print(repr(x).rjust(2), repr(x*x).rjust(3), end"")...
```
• Tenga en cuenta el uso de 'fin' en la línea anterior... print(repr(x*x*x).rjust(4))
```
...
1 1 1
2 4 8
3 9 27
4 16 64
5 25 125
6 36 216
7 49 343
8 64 512
9 81 729
10 100 1000
>>> para x en rango(1, 11):
... print('á0:2d á 1:3d á 2:4d '.format(x, x*x, x*x*x))
...
1 1 1
2 4 8
3 9 27
4 16 64
5 25 125
6 36 216
7 49 343
8 64 512
9 81 729
10 100 1000
```
El ejemplo anterior trata sobre diferentes formas en las que podemos definir una tabla que contenga los cuadrados y los valores cúbicos.

Los métodos que hemos estudiado y observado en los ejemplos no tienen ningún otro efecto aparte de crear y devolver una nueva cadena. No importa si la cadena de entrada es más larga de lo habitual porque no se truncará ni se acortará, sino que se devolverá de la forma en que está.

El formato básico o la sintaxis de str. Format () se muestra a continuación;

>>> print('Somos los que dicen ".!"'. format('knights', 'Ni'))
Somos los caballeros que dicen "¡Ni!"

Los corchetes que contienen los caracteres de la sintaxis anterior se conocen como "Campos de formato". Pueden ser reemplazados por objetos que deben pasar a través del método str.format como se muestra a continuación;

>>> print('{0} y {1}'.format('spam', 'eggs'))
spam and eggs
>>> print('{1} y {0}'.format('spam', 'eggs'))
eggs y spam

El nombre de los argumentos se utiliza en situaciones en las que las palabras clave del método str.format() se utilizan a menudo

>>> print('Este 'comida' es 'adjetivo'.'. formato (... comida 'spam', adjetivo 'absolutamente horrible'))
Este spam es absolutamente horrible.

En el lenguaje de programación python, se recomienda que usemos la palabra clave y los argumentos posicionales juntos tal como se muestra a continuación;

>>> print('La historia de {0}, {1},y .'. format('Bill', 'Manfred', other'Georg'))La historia de Bill, Manfred y Georg

En el otro extremo, la función ascii () que normalmente se escribe como "!a" y la función repr() escrita como "!r" también se puede utilizar ampliamente para convertir valores en cadenas con fines de formato;

```
>>> contenido á 'eels'
>>>  print('Mi aerodeslizador está lleno de  .'.
format(contents))Mi aerodeslizador está lleno de anguilas.
 >>>  print('Mi aerodeslizador está lleno de  .'.
format(contents))Mi aerodeslizador está lleno de 'anguilas'.
```

Los nombres de campo son seguidos inmediatamente por los símbolos ":" con el fin de permitir el control de la técnica de conversión de valores tal como se muestra a continuación;

```
>>> importar
matemáticas>>>  print('El valor de PI es aproximadamente
0:.3f .'. format(math.pi)))El valor de PI es aproximadamente
3.142.
```

Del ejemplo anterior, hemos visto que somos capaces de convertir la suma de los valores anteriores. En otros casos, podemos decidir truncar algunos valores de la tabla para que parezca presentable. Esto se logra pasando los valores enteros a través del símbolo de punto y coma como se muestra a continuación;

```
>>> tabla á'Sjoerd': 4127, 'Jack': 4098, 'Dcab':7678'>>>
por nombre, teléfono en table.items():
... print('á0:10o > 1:10d '.formato(nombre, teléfono))
...
Jack > 4098Dcab > 7678Sjoerd > 4127
```

A veces las cadenas que tenemos en nuestros programas pueden terminar siendo demasiado largas pero también necesarias. El lenguaje de programación python nos permite mantener estas cadenas largas haciendo referencia a las variables teniendo en cuenta el nombre, pero no el posicionamiento del valor. Esto es básicamente para evitar el truncamiento de las cadenas. Esto se logra mediante;

a. El uso de corchetes y diccionario;

```
>>> tabla á'Sjoerd': 4127, 'Jack': 4098, 'Dcab': 8637678'
>>> print('Jack: 'Jack]:d'; Sjoerd: 0[Sjoerd]:d; '
... 'Dcab: 0[Dcab]:d'.format(table))Jack:4098; Sjoerd: 4127;
Dcab: 8637678
```

b. El uso de la notación "**"

```
>>> tabla á'Sjoerd': 4127, 'Jack': 4098, 'Dcab': 8637678'
>>> print('Jack: 'Jack:d'; Sjoerd: sjoerd:d; Dcab:
'.format(**table))Jack: 4098; Sjoerd: 4127; Dcab: 8637678
```

En resumen, los métodos anteriores son ampliamente útiles porque devuelven valores a los diccionarios que contienen las variables locales

El estilo de formato antiguo

En el pasado reciente, Python uso el operador % en el formato de cadenas. Funcionó interpretando el lado izquierdo del argumento en comparación con un estilo de función sprint () en el reflejo del lado derecho. En el ejemplo siguiente se muestra cómo se devolvería la cadena en el estilo de formato antiguo;

```
>>> importar
matemáticas>>> print('El valor de PI es aproximadamente
%5.3f.' % math.pi)El valor de PI es aproximadamente 3.142.
```

Los métodos y objetos de archivo

En la mayoría de los ejemplos de este capítulo, es probable que hayamos asumido que teníamos un archivo que existía y se llamaba "f". para que leamos y accedamos al contenido del archivo f entonces invocamos el f.read (tamaño). El contenido al que se ha tenido acceso y lectura se devolverá como cadenas en bytes o en modo de texto. La única precaución a tener es que el archivo a tener acceso no es tan grande como el programa u ocupa un gran espacio porque puede terminar colgando. Por otro lado, cuando el programa llegó al final del archivo, entonces tendrá que generar la cadena como vacía. ("")

```
>>> f.read()
'Este es el archivo completo.
>>> f.read()
"
```

En resumen, se requiere la disposición y la pulcritud de un programa. Esta es la razón por la que se recomienda el formato de las cadenas. Esto es para hacer que los programas sean más presentables y atractivos a los ojos de otros programadores.

Creo que usted ha aprendido mucho en este capítulo y le ayudará en el formato y la creación de programas interactivos. Entiendo que a la mayoría de la gente no le gusta utilizar los módulos, pero creo que este libro lo ha cubierto bien y le ayudará a aplicarlo. También puede hacer referencia a otros libros para que pueda conocer y comprender el funcionamiento de diferentes procedimientos de formato de entrada y salida.

Ejercicios prácticos

1. Estudiar y analizar la lectura y escritura de archivos

2. Haga una investigación sencilla y haga breves notas completas sobre cómo guardar estructuras utilizando la función json ().

CAPÍTULO 8

EXCEPCIONES Y ERRORES

Introducción

En cualquier lenguaje de programación, los errores están enlazados a ocurrir ya que cometemos varios errores al escribir o ejecutar los bloques de instrucciones. Si ha estado interesado en ejecutar algunos de los ejemplos, debe haber encontrado errores o errores debidos al espaciado o de otro modo. Es muy importante como principiante aprender a gestionar y corregir los errores a medida que se producen. Esta habilidad se conoce como "Habilidades de intercepción y manejo de errores"

En este capítulo vamos a estudiar los dos tipos principales de errores que incluyen;

   i.   El error de sintaxis

   ii.   Las excepciones

Los errores de sintaxis

También se conocen como los "errores de análisis". Este es un error común más especialmente encontrado por los codificadores de Python principiantes. A continuación se muestra un ejemplo;

```
>>> mientras que True print('Hello world')Archivo
"<stdin>", línea 1
mientras que True  print('Hello world')

-

SyntaxError: sintaxis no válida
```

Comprender nuestro error de sintaxis

El error anterior se detecta después de la repetición de la línea anterior. El intérprete detectó el error en la función de impresión (). El error que hizo el programador fue que se olvidó de agregar el símbolo de dos puntos inmediatamente después de la función.

Las excepciones

Estos son errores que se cometen durante la ejecución del programa. Es muy curioso que el programa puede tener la sintaxis correcta, pero todavía tiene un error durante la ejecución. Esto no es extraño porque estos errores no son muy fatales para el programa, pero se pueden controlar fácilmente. En este capítulo, intentaremos interactuar con este tipo de situaciones para que podamos estar seguros al resolver el problema mientras ocurre. A continuación se muestra un ejemplo de estos errores;

```
>>> 10 * (1/0)Traceback (última llamada más
reciente):Archivo "<stdin>", línea 1, en
<módulo>ZeroDivisionError: división por cero
>>> 4 + spam*3Traceback (última llamada más reciente):
Archivo "<stdin>", Línea 1, en <módulo>NameError:
nombre 'spam' no está definido
>>>  '2' + 2Traceback (última llamada reciente): Archivo
"<stdin>", línea 1, en <módulo>TypeError: No se puede
convertir el objeto 'int' a str implícitamente
```

111

Comprender nuestras excepciones

El tipo de excepción que se encuentra normalmente se indica en el mensaje de error que aparece en la última línea del bloque de instrucciones. Entre los ejemplos de errores de excepción se incluyen; NameError, ZeroDivisionError y TypeError. También es importante tener en cuenta que el tipo de excepción se puede derivar de la cadena que se vio afectada. Sin embargo, esto solo se produce para las excepciones integradas y no para las excepciones definidas por el usuario. También hay identificadores incorporados que se conocen como "excepciones estándar".

¿Cómo manejamos las excepciones?

Dado que somos programadores, podemos decidir diseñar programas que puedan resolver la ocurrencia de excepciones. Por ejemplo, el ejemplo siguiente ilustra cómo un programa puede pedir a un usuario que escriba solo respuestas válidas.

```
>>> mientras que Verdadero:
... try:
... x á int(input("Introduzca un número: "))
... descanso
... excepto  ValueError:
... print("Oops! Ese no era un número válido. Inténtalo de nuevo..."
```

El uso de una declaración try

A continuación se muestra el procedimiento sobre cómo la instrucción try ayuda al programa a lograr un error sin excepciones;

- Se ejecutan las instrucciones try.

- En caso de que no haya ningún error de excepción, se omitirá la cláusula except y se terminará la acción de la instrucción try.

- En el caso de que se produzca el error de excepción, se habría ejecutado la cláusula try y, por lo tanto, se omitirá el siguiente bloque de instrucciones. La instrucción except se ejecutará si coincide con el error de excepción.

- Hay casos en los que el error de excepción es totalmente diferente de la except-statement. En tales casos, se pasa a las siguientes instrucciones try hasta que se encuentra una cláusula except coincidente. En casos extremos donde no se encuentra la instrucción de excepción, el error se conoce como "excepción no controlada" y, por lo tanto, se termina la ejecución.

Es importante tener en cuenta que una cláusula try puede contener muchas instrucciones de excepción correspondientes. Esto es para aumentar la probabilidad de tener una cláusula de controlador para todos y cada uno de los errores de excepción. Los controladores son muy específicos del tipo de excepción que se produce. No hay tiempo donde el controlador puede ejecutar una excepción de un tipo diferente. además, un grupo de errores de excepción que se han producido se puede clasificar por la instrucción except como se muestra a continuación;

        ... excepto (RuntimeError, TypeError, NameError):...
        pase

En el otro extremo, las clases se pueden utilizar en cláusulas except para clasificar el tipo de excepción tal como se muestra a continuación;

```
clase B(Excepción):
pasar
clase C(B):
pasar
clase D(C):
paso
para cls in [B, C, D]:
try:
raise cls()
excepto D:print("D")
excepto C:print("C") excepto C:print("C") excepto
C:print("C") excepto C:print("C") excepto C:print("C")
excepto C:print("C") excepto C:print("C") excepto
C:print("C") excepto C:print("C") excepto C:print("C")
  B:print("B")
```

Los comodines se utilizan en los últimos errores de excepción. Esto
se hace con mucha precaución porque puede conducir a un error
mayor en comparación con el error de excepción. Sin embargo, se
puede utilizar positivamente en la impresión de mensajes de error.
Examinemos el ejemplo siguiente;

```
importar
systry:f á open('myfile.txt')s á f.readline()i á int(s.strip()),
excepto OSError como err:print("Error del sistema
operativo: {0}".format(err))
  excepto ValueError:print("No se pudieron convertir datos
en un entero.")
  excepto:print("Error inesperado:", sys.exc_info()[0]
```

Además, las cláusulas try-except también pueden tener instrucciones
else. Si existen en su instrucción try, tendrá que usarlas en todas las

114

instrucciones de excepción también como se muestra en el ejemplo
siguiente;

```
para arg in sys.argv[1:]:
try:f á open(arg, 'r')
excepto OSError:print('cannot open', arg)
else:print(arg, 'has', len(f.readlines()), ' líneas')f.close()
```

El uso de la instrucción else es muy beneficioso porque le impedirá
elegir una instrucción de excepción incorrecta que hará que se corrija
la apropiación indebida de códigos. Además, la instrucción de
excepción es libre de especificar el tipo de variable más
especialmente después de obtener su nombre. En el ejemplo
siguiente se muestra una ilustración de una excepción que se ha
creado una instancia;

```
>>> try:
... aumentar excepción('spam', 'huevos')
... excepto Excepción como inst:
... print(type(inst)) - la instancia
de excepción... print(inst.args) - argumentos almacenados en
.args
... print(inst) - __str__ permite que los args se impriman
directamente,
... Pero puede ser anulado en las subclases
de excepción... x, y - inst.args - desempaquetar args
... print('x', x)
... print('y', y)
...
<clase 'Excepción'>('spam', 'eggs')('spam', 'eggs')x á spam -
eggs
```

En otras apariciones, la excepción viene con varios argumentos. Por
ejemplo, las excepciones no controladas siempre van acompañadas

de las descripciones de los argumentos normalmente cuando se imprimen. En la instrucción try, las instrucciones de excepción resuelven los errores de excepción ocurridos teniendo en cuenta las funciones que existen en los códigos dentro de la cláusula try como se muestra a continuación;

```
>>> def esto_fails():
... x a 1/0
...
>>> try:
... esto_fails()
... excepto ZeroDivisionError como err:
... print('Manipulación de error en tiempo de ejecución:', err)
...
Manejo del error en tiempo de ejecución: división por cero
```

El manejo de excepciones de la cláusula de aumento

Este es un tipo de instrucción especial que utiliza el programador para forzar que una declaración de excepción se aplique abruptamente. Estudiemos el siguiente ejemplo;

```
>>> raise NameError('HiThere')Traceback (última llamada más reciente):Archivo "<stdin>", línea 1, en <módulo>NameError: HiThere
```

El lugar exacto en el que se ha aplicado la instrucción raise se indica en la excepción que se fuerza. En esta situación, debe haber una clase que se ha derivado de la excepción. Si se ha pasado la clase de excepción, tendrá que crear una instancia invocando el constructor de clase, pero careciendo de los argumentos.

Para comprobar si la excepción realmente se produjo, tendrá que escribir las siguientes líneas de comandos para volver a generar la cláusula raise;

```
>>> try:
... raise  NameError('HiThere')
... excepto  NameError:
... print('¡Una excepción voló por!')
... subir...
¡Una excepción voló! Traceback (última llamada más
reciente): Archivo "<stdin>", línea 2, en
<módulo>NameError: HiThere
```

Creación de sus propias excepciones

En Python, se le permite crear y nombrar sus propias excepciones. Esta sección se definirá mientras se aprende sobre las clases que existen en el lenguaje de programación python. Sin embargo, es importante saber que las excepciones se derivan normalmente directa o indirectamente de las clases Exception.

Las clases Exception suelen ser muy simples; tener atributos claramente definidos y funciona como cualquier otra clase. La razón de los atributos claramente definidos es facilitar a los controladores extraer información on los errores de excepción. Cuando se genera un módulo para generar diferentes errores, se genera una clase base que contendrá la excepción derivada del módulo.

```
clase Error(Excepción):
"""Clase base para excepciones en este módulo."""
 clase de paso
InputError(Error):
"""Exception generado para errores en la entrada.
```

Atributos:

expresión -- expresión deentrada en la que se produjo
el mensaje de error --explicación del error
"""

def __init__(self , expression, message:self.expression á
expressionself.message -
clase de mensajeTransitionError(Error):
"""Raised when an operation attempts a state transition
that't's not's not's not's not's not's
permitido.
Atributos:
anterior - estado al comienzo de latransición
siguiente - intento de nuevo
mensaje de estado- explicación de por qué no se permite
"""

def __init__(self, previous, next, message):self.previous ?
previousself.next ? nextself.message ? message

Establecimiento de acciones de limpieza

La cláusula try tiene una extensión de una cláusula opcional que se
utiliza principalmente para las funciones de limpieza que deben
ejecutarse inmediatamente como se muestra a continuación;

```
>>> try:
... elevar  KeyboardInterrupt
... finalmente:
... print('¡Buenos días, mundo!')
...
¡Buenos días, mundo!
 KeyboardInterrupt
Traceback (última llamada más reciente): Archivo "<stdin>",
línea 2, en <módulo>
```

La instrucción final se ejecuta normalmente antes de que la cláusula try se termine independientemente de que se produzca una excepción o no. Por lo general se conoce como la instrucción "Way out" como se muestra en el ejemplo siguiente;

```
>>> def divide(x, y):
... try:
... resultado: x / y
... excepto  ZeroDivisionError:
... print("división por cero!")
... otros:
... print("el resultado es", resultado)
... finalmente:
... print("executing finally statement")
...
 >>>  divide(2, 1)
```

la salida resultante es 2.0ejecutando final mente la instrucción

```
>>>  divide(2, 0)división por cero!ejecutando la cláusula
 >>>  divide("2", "1")ejecutando finalmente
```

cláusulaTraceback (última llamada más reciente):Archivo "<stdin>", línea 1, en <module>File "<stdin>", línea 3, en divideTypeError: tipos de operando no admitidos para /: 'str' y 'str'

Asignación

1. Distinguir entre excepciones y errores

2. Crear un programa que será capaz de probar y analizar los conocimientos de un principiante y cómo manejar una excepción.

3. Cree un programa que tenga varias instrucciones try y raise antes de la ejecución de los comandos.

4. ¿A qué declaración se conoce comúnmente como la declaración "Sobre la salida"?

5. Cree un programa sencillo que controle cualquier excepción que pueda producirse.

6. Mencione dos instancias en las que pueden producirse errores de excepción.

7. ¿Cuáles son las posibles causas de errores en cualquier lenguaje de programación?

8. ¿Con cuál de los mensajes de error ha encontrado durante las sesiones de programación? Explica la causa y el remedio que tomaste para corregirlo.

CAPÍTULO 9

CLASES Y PROGRAMACIONES ORIENTADAS A OBJETOS

Introducción

En el mundo de la programación, las clases siempre han actuado como una casa de datos y sus funciones específicas. En otras palabras, las clases que se crean vienen junto con otros atributos como los nuevos objetos y las nuevas instancias. Las instancias también dan lugar a métodos que definen las características de la clase.

En Python, las clases que se crean tienen sintaxis y semánticas limitadas. Las clases se integran con las características de object-oriented programming. Por ejemplo, el criterio de herencia de clases se admite por la existencia de muchas clases base, clases derivadas y métodos. Es importante tener en cuenta que las estructuras de las clases son muy dinámicas ya que los métodos y objetos están equipados con varios tipos de datos arbitrarios. Además, las clases se generan en tiempo de ejecución y se pueden editar o modificar más adelante después de la creación.

Objetos y nombres de Python

Los objetos se pueden definir como individualismos. Tienen varios nombres contenidos en varios ámbitos que están vinculados a un solo objeto. En otros lenguajes de programación, esta propiedad se conoce normalmente como "aliasing". Sin embargo, en Python, esta propiedad no está bien abrazada y, por lo tanto, a menudo se ignora.

En el otro extremo, los objetos mutables en Python tienen una ventaja adicional de alias. Los objetos se convierten en como los punteros en lenguajes de programación.

La sintaxis de una clase en Python

La palabra reservada que se utiliza en la definición de clases es la palabra "clase". La palabra clave va seguida del nombre de la clase y, a continuación, dos puntos. Debe tener en cuenta que las clases comienzan con letras mayúsculas o mayúsculas. A continuación se muestra un ejemplo;

```
alumnos de clase:
    pase
```

En situaciones donde la clase que se crea contiene un objeto, entonces será como se muestra a continuación;

```
clase Pupil(objeto)
```

el_init_ () método

Cuando se ha generado la instancia de una clase, normalmente se invoca esta función. El propósito de invocar esta función es inicializar el objeto de la clase creada. El objeto se puede identificar mediante el argumento denominado "self". Los siguientes son dos ejemplos para ilustrar lo mismo.

Ejemplo 1

```
clase Alumnos:
def __init__(self) :
```

Ejemplo 2

```
clase Employers(object):
def __init__(self, name, rate, hours) :
```

Es importante tener en cuenta que cualquier función que se utiliza dentro de una clase se conoce como "Método". A partir de los ejemplos anteriores, la función que se ha utilizado se puede denominar legítimamente como un método que inicializa las nuevas clases.

La variable instantánea

A medida que continuamos codificando en las clases que hemos creado, el número de argumentos también aumenta. Como resultado, es necesario aumentar el número de variables instantáneas para que puedan ser paralelas al número existente de objetos. Vamos a estudiar el ejemplo siguiente;

```
clase Employees(object):
def __init__(self, name, rate, hours) :
name.self - name
rate.self á rate
hours.self
```

En el ejemplo anterior, los componentes que se han colocado entre paréntesis son las variables instantáneas. En otras palabras, cuando se ha creado la instancia de la clase Employees, la función permite que todos los componentes de esa clase accedan a las variables disponibles. A continuación se muestra un ejemplo;

Personal de los empleados ("Cayne", 20, 8)
supervisor á Employees("Swight", 35, 8)
manager á Employees("Belinda", 100, 8)

Cuando ejecutamos los códigos y verificamos lo anterior-códigos escritos a continuación, entonces esperaremos la siguiente salida;

print(staff.name, staff.rate, staff.hours)
print(supervisor.name, supervisor.rate, supervisor.hours)
print(manager.name, manager.rate, manager.hours)

La salida en pantalla será:

Cayne 20 8
Swight 35 8
Belinda 100 8

El siguiente es otro ejemplo que es muy descriptivo;

Ejemplo 1

clase Lion:kind á 'canine' #the variable de clase que serán compartidas por todas las instancias
que def __init__(self, name):self.name ? name á instance variable unique to each instance
>>> c ? Lion(' Lido')
>>> d á León('Duddy')>>> f.kind - esto es compartido por todos los leones
'canine'>>> c.kind - esto es compartido por todos los leones
'canine'>>> c.name   único para d

124

'Lido'>>> d.name de
'Duddy'

Ejemplo 2

```
clase Cat:
def __init__(self, name):self.name ? nameself.tricks ? [] -
aquí hay una nueva lista vacía para cada uno de los
add_trick
de def del gato (yo, truco:self.tricks.append(trick)>>> c -
Cat('Lido')>>> d á Cat('Cuddy')>>> d.add_trick('rolling your
body over')>>> f.add_trick('play like you are dead')>>>
d.tricks['roll over']>>> e.tricks['jugar como si estuvieras
muerto']
```

¿Qué son los espacios de nombres y ámbitos de Python?

Un espacio de nombres es una transformación de nombres en objetos. En otras palabras, podemos describirlo como mapeo de los nombres para obtener un objeto. Por lo general se encuentran en el diccionario python. Se generan o crean en diferentes momentos, así como tienen diferentes períodos de vida y duración de la estancia en las clases. Por ejemplo, un espacio de nombres global que sirve un módulo se crea normalmente durante la definición del mismo módulo. Por otro lado, el espacio de nombres local que sirve en la función se crea durante la invocación de la misma función. Su período de vida se determina cuando se devuelve la función o cuando se ha generado una excepción.

Un ámbito se puede definir como una plataforma textual en Python de donde el usuario puede tener acceso al espacio de nombres directamente. Los ámbitos se definen estáticamente y se aplican dinámicamente. Los siguientes son tipos de ámbitos a los que pueden tener acceso directamente los espacios de nombres durante la ejecución de un programa;

- Alcance más interno: tiene los nombres locales.

- Encierre el ámbito de la función: tiene nombres no globales y no locales.

- Junto al último ámbito: tiene la nomenclatura global del módulo existente.

- Alcance más externo: tiene los nombres incorporados.

A continuación se muestra un ejemplo de espacios de nombres y ámbitos en el lenguaje de programación python;

```
def scope_test():
def do_local():spam - "local spam"
def do_nonlocal():
spam nolocal - "spam no local"
def do_global()) :
spam spam global á "spam global"spam á "test
spam"do_local()print("Después de la asignación local:",
spam)do_nonlocal()print("Después de la asignación no
local:", spam)do_global()print("Después de la asignación
global:", spam)scope_ test()print("En el ámbito global:",
spam)
```

La salida resultante será:

```
Después de la asignación local: probar spam
Después de la asignación no local: spam no local
Después de la asignación global: spam no local
En el ámbito global: spam global
```

Las variables privadas

Se trata de variables instantáneas a las que no se puede acceder directamente hasta que se utilizan objetos que existen en otros lenguajes de programación. Es muy difícil acceder a ellos desde Python y por lo tanto hay una gran cantidad de procedimientos a seguir. Para las clases iniciales, preferiría que no vayamos más allá de este punto de explicación, sino que simplemente tengamos el siguiente ejemplo;

```
clase Mapping:
def __init__(self, iterable):self.items_list á
[]self.__update(iterable)
def update(self, iterable):
para item in iterable:self.items_list.append(item)__update -
update - copia privada de la clase de método
 original update()MappingSubclass(Mapping):
def update(self, keys, values):

    • aquí hay una provisión de una nueva firma para el
update() - sin embargo, no se rompe __init__() para el
elemento en zip(claves,
  values):self.items_list.append(item)
```

Iteradores

Los iteradores se utilizan generalmente para bucle como se muestra a continuación;

```
para el elemento en [1, 2, 3]:
print(element)
para el elemento en (1, 2, 3):
print(element)
para la clave en 'one':1, 'two':2:
```

```
print(key)
para char en "123":
print(char)
para la línea en open("Esto is myfile.txt"):
print(line, end"')
```

En otras palabras, los iteradores lo hacen omnipresente y unificado porque iteración crea un estilo único de acceso a objetos. El estilo único de acceso se puede describir como claro, conveniente y conciso. El bucle for se utiliza tanto en bucle como en la invocación de objetos contenedor. La siguiente es una ilustración sencilla de cómo funciona.

```
>>> s á 'xyz'
>>>  it - iter(s)
>>>  it<iterator object at 0x00A1DB50>
>>>  next(it)
'x'
 >>>  next(it)'z'
>>>  next(it)'c'
>>>  next(it)Traceback (la última llamada más reciente):
Archivo "<stdin>", línea 1, en <
module>next(it)StopIteration
```

El bucle de iterador crea un comportamiento único en el lenguaje de programación python. También es importante que tengamos en cuenta que el iterador utiliza el método _iter_() para devolver objetos junto con el método _next_(). Observemos el ejemplo siguiente;

```
clase Invertir:
"""Este iterador se utiliza para el bucle sobre una secuencia
hacia atrás."""
 def __init__(self, data):self.data - dataself.index á len(data)
def __iter__(self):
```

```
return self
def __next__(self):
 si self.index á 0:
raise StopIterationself.index á self.index - 1
return self.data[self.index]
>>> rev • Invertir('spam')
>>> iter(rev)<__main__. Objeto inverso en 0x00A1DB50>
>>> para char en rev:
... print(char)
...
mapas
```

Ends y los Odds

Se trata de tipos especiales de tipos de datos que se utilizan para agrupar los elementos de datos que existen en una clase. Estos tipos de datos especiales se utilizarán en niveles avanzados de lenguaje de programación python para definir clases vacías como se muestra a continuación;

```
clase Empleador:
pase
john - Employer() #here, hay Creación de un registro
de empleador vacío- aquí hay Llenado de los campos del
registro del empleador vacío
john.name 'John Park'john.dept á 'computer lab'john.salary á
10000
```

Este tema no debe confundirte como principiante, pero es una buena manera de prepararte para el futuro.

Los generadores

Estas son herramientas especiales que se utilizan en la creación de iteradores. Funcionan casi exactamente igual que las funciones regulares que incorporan la instrucción yield durante la devolución de datos. En el lenguaje de programación Python, cuando se invoca la siguiente () función, los generadores también se activan tal como se muestra a continuación;

```
def reverse(data):
para index in range(len(data)-1, -1, -1):
yield data[index]
>>> para char in reverse( 'golf'):
... print(char)
...
flog
```

En otras ocasiones, la gente puede confundir a los generadores y los iteradores porque la mayoría juegan los mismos papeles. La mejor manera de diferenciar las dos es comprobar las funciones que utilizan las dos o las funciones que se crean en las dos.

¿Qué son las expresiones generadoras?

Las expresiones de un generador se pueden codificar utilizando diferentes sintaxis o argumentos, pero manteniendo los corchetes redondos en lugar de los corchetes. Las expresiones de generadores son de naturaleza compacta y solo se utilizan cuando los generadores han sido utilizados por la función envolvente. Los siguientes son ejemplos;

```
>>> sum(i*i for i in range(10)) - la suma de cuadrados
la salidaserá: 285
>>> xvec á [20, 30, 40]
```

```
>>> yvec á [8, 6, 4]
>>> sum(x*y for x,y in zip(xvec, yvec)) - producto
puntola salidaserá: 260
>>> de la importación matemática  pi, sin
>>> sine_table á x: sin(x*pi/180) para  x  en  rango(0, 91) á
>>> unique_words de la palabra set(palabra para  la línea  en
la página  de  la palabra  en  line.split())
>>> valedictorian á max(( student.gpa, student.name)  para
estudiantes  en  graduados)
>>> datos á 'golf'
>>> list(data[i]  for i  en  range(len(data)-1, -1, -1))['f', 'l', 'o',
'g']
```

Herencia

En el lenguaje de programación Python, las clases pueden heredar los métodos, características y atributos de otras clases. Esta característica es muy beneficiosa porque el programador puede tener clases muy complejas que llevan los atributos de otras clases. La clase que hereda los atributos se conoce como la clase secundaria, mientras que la que se hereda de se denomina clase primaria. A continuación se muestra la estructura de herencia de una clase primaria;

clase ChildClass(ParentClass):

La sintaxis de la clase derivada también se puede escribir en el siguiente formato;

clase DerivedClassName(BaseClassName):
<statement-1>
... <
declaración-N>

Por ejemplo, vamos a estudiar el ejemplo siguiente y ver cómo se hacen las cosas mientras se hereda de una clase primaria;

clase Employers(object):def __init__(self, firstname, workrate,numberof hours):self.name ? nameself.rate ? rateself.hours ? hoursstaff ? Employers("Wayne", 20, 8)supervisor ? Employees("Dwight", 35, 8)manager ? Employers("Melinda", 100, 8)print(staff.name, staff.rate, staff.hours)print(supervisor.name, supervisor.rate, supervisor.hours)print(manager.name, manager.rate, manager.hours)class Resigned(Employers):def __init__ (self, Firstname,work rate,numberof hours, status): self.name de nombreself.rate á rateself.hours - hoursself.status - statusexemp_1 - Resigned("Dorothy", 32, 8, "retired")exemp_2 ? Resigned("Malcolm", 48, 8, "resign")print(exemp_1.name, exemp_1.rate, exemp_1.hours, exemp_1.status)print(exemp_2. nombre, exemp_2.rate, exemp_2.hours, exemp_2.status)

La salida resultante del código anterior será:

Wayne 20   8
Dwight   35   8
Melinda 100   8
Dorothy 32   8   retired
Malcolm   48   8   resigned
>>>

Antes de resumir sobre la herencia, hay dos funciones incorporadas que se utilizan con la herencia para que funcione bien;

- Función Isinstance(): esta función se utiliza para comprobar el tipo de instancia

132

- Función Issubclass (): esta función se utiliza para confirmar si se ha producido la herencia de clases.

Además, Python permite que se lleven a cabo varias herencias. A continuación se muestra la sintaxis que se puede utilizar para lograr varias herencias;

clase DerivedClassName(Base1, Base2, Base3):
<statement-1>
... <
declaración-N>

CAPÍTULO 10

DESARROLLO GRAFICO

Introducción

A partir de los programas con los que hemos creado e interactuado, se basaron en un lenguaje textual que no era atractivo para el ojo humano. En este capítulo, vamos a interactuar con técnicas sofisticadas sobre cómo presentar e interactuar con la información en el programa. La interacción gráfica con el ordenador se conoce como interfaz gráfica de usuario.

Los siguientes son los objetivos de este capítulo;

- Familiarizarse con los kits de GUI

- Creación y llenado de marcos

- Creación y uso de botones en la GUI

- Creaciones y el uso de entradas y cuadros de texto

- Creaciones y el uso de casillas de verificación y botones de opción

A continuación se muestra un ejemplo de la interfaz gráfica y algunos de los elementos se han etiquetado y nombrado;

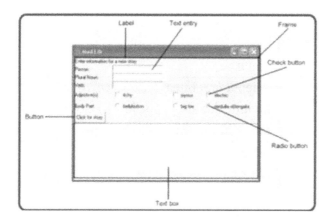

Vamos a estudiar y aprender a crear los componentes anteriores-mostrados de la interfaz gráfica de usuario.

Antes de llegar más lejos, tendremos que utilizar el kit GUI TOOL para el desarrollo de este capítulo. Podemos elegir cualquier kit de herramientas de Internet, pero mi preferencia es el popular kit de herramientas Tkinter que funciona mejor con Python.

El kit de herramientas de Tkinter está equipado con un módulo que tenemos que crear para crear los componentes GUI. A continuación se muestra una tabla que muestra los diferentes componentes de gui;

Componente	Descripción	La clase Tkinter a la que pertenecen
Marco	Se utilizan en la celebración de los componentes GUI	Marco
Botón	Se utiliza para realizar la función designada cuando el usuario la activa.	Botón
Etiqueta	Se utiliza en la	Etiqueta

135

	visualización de textos o iconos que no se pueden editar	
Entrada de texto	Acepta una línea que se ha introducido y, por lo tanto, la muestra.	Entrada
Botón de verificación	Se utiliza para permitir al usuario seleccionar cualquier opción en la pantalla.	Botón de control
Cuadro de texto	Acepta varias líneas de texto y, por lo tanto, los muestra.	Texto
Botón de radio	Permita que el usuario seleccione una opción de un grupo de opciones.	Radiobutton

¿Qué es la programación controlada por eventos?

Los programas que se basan en GUI se pueden decir que son event-impulsados. Esto significa que el programa responde rápidamente a los comandos que se les han dado independientemente del tiempo en el que se hayan ejecutado. Este procedimiento es muy diferente de la codificación.

Los programas que se escriben de forma controlada por eventos pueden introducir información de cualquier manera, independientemente del orden. El programa es más definido por el usuario en comparación con el proceso de codificación real. Implica la delimitación de controladores de eventos con eventos para que pueda combinar el objeto de programa para que funcione de forma eficaz. Esto significa que los objetos de programa deben definirse junto con los eventos y sus controladores. La creación del programa controlado por eventos debe iniciarse mediante la inclusión de un bucle de eventos. De esta manera, el programa tendrá que esperar a que ocurran los eventos descritos y por lo tanto trabajar en ellos una vez que ocurran.

La ventana raíz

Esto se puede describir como la base del programa GUI. Esta es la plataforma a la que se agregan los componentes GUI durante el diseño del programa. El diagrama siguiente muestra una ventana GUI simple;

Dependiendo del tipo de sistema operativo que esté utilizando, las ventanas GUI se pueden generar de diferentes maneras aparte del diagrama mostrado anteriormente. La otra ventana simple de la gui puede ser una pantalla de consola negra como se muestra a continuación;

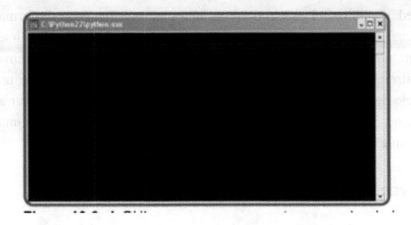

Consejos: A veces puede estar ejecutando el código y la ventana de la consola aparece casi cada vez lo que crea molestias. La forma más fácil en la que se puede eliminar esta perturbación es cambiar la extensión del programa de py a pyw.

¿Cómo importamos el módulo de Tkinter

En este punto vamos a escribir algún bloque de código para importar el módulo Tkinter. Escribamos el siguiente bloque de código;

```
#a very simple GUI
#illustrates the creation of a window
#John Parks-3/3/2019
from Tkinter import*
```

Después de ejecutar el código anterior, todos los módulos de Tkinter se importarán directamente al espacio de nombres global del programa.

¿Cómo creamos la ventana raíz?

La creación de la ventana raíz necesita una instancia del objeto de programa que pertenece a la clase Tkinter como se muestra a continuación;

```
        #Creation de la
    raíz de la ventana raíz (Tk )»
```

Desde el ejemplo anterior, podemos acceder directamente a cualquier parte del módulo sin tener que escribir el nombre del módulo. Esta es una de las ventajas de utilizar el kit de herramientas Tkinter donde no tienes que escribir y generalmente es fácil de leer.

Es importante tener en cuenta que en un programa Tkinter se puede crear una sola ventana raíz. Cuando cometes un error al crear varias ventanas, el programa se vuelve congelado y falso.

Para modificar o editar una ventana raíz, utilizaremos los siguientes métodos:

```
        #modify la
    ventana      root.title ("GUI más simple")
        root.geometry ("300x50")
```

El título () - este método se utiliza para crear o establecer el encabezado o el título de la ventana raíz. Las palabras entre comillas entre corchetes redondos son las palabras exactas que aparecerán como título.

Geometría () – este es el tamaño de la ventana. Los métodos entienden los enteros como cadenas que son el ancho y alto de la ventana raíz.

Después de recopilar toda esa información sobre la ventana Raíz, tendremos que crear el bucle de eventos. Tendremos que llamar al método mainloop () de la raíz como se muestra a continuación;

```
    #establishing el bucle de eventos de la ventana raíz.
    raíz. Mainloop().
```

139

Cuando ejecutamos el método mostrado anteriormente, la ventana raíz se activará para abrir y esperar a que se produzcan eventos para que se puedan controlar. La ventana llevará a cabo las acciones definidas que se han especificado en el programa. Además, la ventana se puede ampliar, cerrar e incluso minimizar dependiendo de sus necesidades visuales.

Las etiquetas

De la tabla anterior del capítulo, ya hemos sabido sobre la función de las etiquetas en los programas GUI. Este es uno de los componentes GUI más simples. Antes de continuar, los componentes GUI también se pueden denominar Widgets. El nombre de los widgets se deriva de dos nombres que son ventanas y gadgets. Por lo tanto podemos decir que la etiqueta se utiliza para indicar otros widgets en la ventana GUI. El usuario no puede cambiar la etiqueta durante la interacción con la ventana GUI.

A continuación se muestra un ejemplo de un programa;

```
#creating a label
#Illustration of how to create a label
#John Park -3/3/2019

Desde la importación de Tkinter*

#creation de
una raíz de     ventana: raíz de Tk().
    Título ("mostrar un etiquetador raíz")
    . Geometría ("300x100")
```

¿Cómo creamos el marco?

El marco es el widget que encierra todos los demás widgets. Actúa como la valla de la ventana GUI. Para crear un nuevo marco escribiremos la siguiente pieza de código;

> • Creación de un marco que
> llevará otros   widgets GUI aplicación - Marco (raíz)

Tenemos que invocar la función grid () para que pueda pasarla a través del constructor maestro de cualquier objeto que sea nuevo como se muestra a continuación;

> App.grid()

Debe tener cuidado para que no pueda confundir entre un método y una función. En el ejemplo anterior hemos utilizado el método para organizar los widgets en la ventana.

¿Cómo creamos la etiqueta?

Para crear una etiqueta, necesitamos crear una instancia del objeto de la clase que contiene la etiqueta (Label Class);

```
#creation of the label inside a frame
lbl = Label (app, text = "Esto is a label")
```

Como resultado de ejecutar el código anterior, la etiqueta se crea dentro del marco. Las opciones que están disponibles en la configuración de un widget son principalmente para la apariencia del widget en el marco. La siguiente acción apropiada es llamar al método de cuadrícula como se muestra a continuación;

> Lbl.grid()

El método anterior garantiza que la etiqueta que se ha creado es muy visible.

El último paso es iniciar el bucle de eventos. Se le requiere llamar al bucle de eventos para iniciar la visualización de la etiqueta;

```
# Starting the root windows' event loop
root.mainloop()
```

Los Buttons

Este es el tipo de widget que necesita ser activado para empezar a funcionar. El concepto de crear los botones se asemeja al procedimiento de creación de las etiquetas. Por lo tanto, esta sección será fácil.

El procedimiento es fácil; Comenzamos creando instancias del objeto de la clase que contiene el botón (clase Button) como se muestra a continuación;

```
# Creation of a button inside the frame
bttn1= Button (app, text = "Esto is a button")
bttn1.grid ()
```

Cuando se ejecutan los códigos anteriores, crean un nuevo botón que tiene las iniciales "esto es un botón". Puede seguir el mismo procedimiento y crear más y más botones como se muestra arriba con diferentes iniciales. El otro paso importante es la configuración del botón como se muestra a continuación;

```
Bttn2.configure (texto -otro botón")
```

Después de seguir todo el procedimiento, puede introducir el bucle de eventos tal como lo hizo con las etiquetas y marcos.

Implementación de la GUI a través de una clase

En el lenguaje de programación Python, cuanto más organices tu bloque de códigos en clases, más organizado y más fácil se vuelve para ti. Esto también es ventajoso en la creación de programas GUI más grandes y bacalao ys. Por lo tanto, en esta sección vamos a aprender cómo organizar nuestros códigos GUI en clases.

Tendremos que crear una nueva clase para definir la clase "application". Observemos el ejemplo siguiente;

> Aplicación de clase (Frame):
> """Una aplicación GUI que tiene dos botones""".

El siguiente paso si la definición del método "Constructor" como se muestra a continuación;

> Def_init_ (self, master):
> """"Initialization of the frame"""""
> Frame ._init_ (self, master)
> self.grid ()
> self.create_widgets ()

El siguiente paso es la definición de un método que creará los otros widgets como se muestra a continuación. (los otros widgets son los dos botones que se mencionaron en el programa);

> Def create_widgets (self):
> """"Creation of two functionless buttons"""""
> #the creation of the first button
> self.bttn1 = Button (self, text = "Esto is the first button with no function")
> self.bttn1.grid ()

143

```
#Creation
```
del segundo botón sin funciones   self.bttn2 - Botón (self)
```
self.bttn2.grid ()
self.bttn2.configure (texto " "Este es el segundo botón
sin funciones")
```

La pieza de codificación anterior se ve similar a usted porque hemos pasado por el mismo procedimiento en los otros widgets. El último paso es la creación del objeto "application" como se muestra a continuación;

```
Root = Tk ()
root.title ("Buttons Maniac"
root.geometry ("300x 75")
```

Después del código anterior, crearemos una instancia del objeto de la siguiente manera;

```
Aplicación : Aplicación (raíz)
```

Finalmente debe invocar o llamar al bucle de eventos como se muestra a continuación;

```
Root.Mainloop()
```

En resumen, hemos llegado al final de nuestro capítulo y, amablemente, intentamos los desafíos que se muestran a continuación;

Ejercicio

1. Cree un programa GUI que tenga todos los widgets que se han discutido en este capítulo.

2. Cree un programa GUI que se pueda utilizar en un restaurante.

CAPÍTULO 11

BIBLIOTECA ESTÁNDAR
Y ENTORNO VIRTUAL

Introducción

En este capítulo, vamos a ver lo que hay dentro de la biblioteca estándar del lenguaje de programación Python.

El modelo de interfaz del sistema operativo

En esta área, el sistema operativo nos da la plataforma de interacción con muchas funciones que se ejecutan dentro del sistema operativo como se muestra a continuación;

```
>>> importar
os>>>  os.getcwd()  ? Devolver el directoriode trabajo actual
'C:'Python36'
>>>  os.chdir('/server/accesslogs')   directorio de
trabajo>>> os.system('mkdir today') - Ejecute el comando
mkdir en el shell del sistema
0
```

La importación se utiliza en el sistema operativo como os.open () que realiza varias funciones también. La función incorporada abierta () se mantiene de sombreado por el os.open (). En el otro extremo, el dir incorporado () trabaja junto con la función help () para fines interactivos de módulos grandes;

>>> import
os>>> dir(os)<devuelve una lista de todas las funciones del módulo>
>>> help(os)<devuelve una extensa página manual creada a partir de las cadenas de datos del módulo>

Un nivel de interfaz más alto se utiliza a menudo en situaciones donde el módulo shutil maneja las tareas de archivo y directorio en términos de administración;

>>> cierre
de importación>>> shutil.copyfile('data.db', 'archive.db')'archive.db'
>>> shutil.move('/build/executables', 'installdir')'installdir'

Los comodines (archivo)

En la mayoría de los casos, los comodines se utilizan con fines de búsqueda. Como resultado, el lenguaje de programación python ofrece los comodines de archivo desde el módulo glob que devuelve las listas de una búsqueda de directorios como se muestra a continuación;

>>> importar
glob>>> glob.glob('*.py')['primes.py', 'random.py', 'quote.py']

Los argumentos Comando (Linea)

Estos son el tipo de argumentos de línea que normalmente se almacenan en el módulo del sistema como una lista. Se pueden

146

describir como scripts de utilidad comunes que procesan los argumentos de comando. A continuación se muestra un ejemplo;

```
>>> Import sys
>>> print(sys.argv)['demo.py', 'one', 'two', 'three']
```

En resumen, hay otros argumentos de línea de comandos eficaces, como el módulo argparse. También se sabe que son muy flexibles

El redirector de salida de error y el terminador de programa

El módulo sys contiene varios atributos como stderr, stdin y stdout. Son muy útiles en términos de señalización de advertencias y los mensajes de error más especialmente durante la redirección de stdout como se muestra a continuación;

```
>>> sys.stderr.write('Advertencia, archivode registro no 
encontrado iniciando uno nuevon')Advertencia, archivo de 
registro no encontrado iniciando uno nuevo
```

En resumen, la forma más eficiente y eficaz de terminar un script suele ser el uso de sys.exit ().

Marcha de patrones de cuerda

El módulo "re" siempre contiene algunos argumentos o expresiones que son muy avanzados en el procesamiento de cadenas. También se pueden utilizar para el procesamiento complejo, la coincidencia y la manipulación de argumentos regulares. Todo esto se hace con el propósito de optimizar las soluciones como se muestra a continuación;

```
>>> import
re>>> re.findall(r'-bf[a-z]*', 'que el pie o la mano cayeron
más rápido')['pie', 'fell', 'más rápido']
>>> re.sub(ab[a-z]+) sombrero'
```

En el otro extremo, algunos programadores prefieren los métodos de cadena porque son fáciles de leer, analizar y depurar;

```
>>> 'tea for too'.replace('too', 'two')'tea for two
```

Realización de cálculos matemáticos

El módulo que se utiliza en matemáticas permite que las funciones de la biblioteca C utilicen los cálculos matemáticos de puntero flotante;

```
>>> importar
matemáticas>>> math.cos(math.pi /
4)0.70710678118654757
>>> math.log(1024, 2)10.0
```

El módulo aleatorio se utiliza para proporcionar criterios para las matemáticas de selección aleatoria como se muestra a continuación;

```
>>> importar
al azar>>> random.choice(['apple', 'pear', 'banana'])'apple'
>>> random.sample(range(100), 10) - muestreo sin
reemplazo
[30, 83, 16, 4, 8, 81, 41, 50, 18, 33]
>>> random.random() á flotador aleatorio
0.17970987693706186
>>> random.randrange(6) - entero aleatorio elegido desde el
rango(6)
4
```

Además, el módulo de estadísticas proporciona las herramientas básicas para los cálculos estadísticos como varianza, media, modo y mediana;

```
>>> Estadísticas
de importación>>>  datos [2.75, 1.75, 1.25, 0.25, 0.5, 1.25,
3.5]
>>>  statistics.mean(data)1.607142857142857 >>>
  statistics.median(data)1.25
>>>  statistics.variance(data)1.3720238095238095
```

El acceso a Internet

En esta sección, hay varios módulos que se pueden utilizar para acceder a Internet, así como en la manipulación del protocolo de Internet. Veamos el ejemplo siguiente;

```
>>> de urllib.request import urlopen
>>> with  urlopen('http://tycho.usno.navy.mil/cgi-
bin/timer.pl')  como  respuesta:
... para  la línea  en  respuesta:
... line á line.decode('utf-8')  - Descodificación de los datos
binarios en texto.
... si 'EST' en la línea  o  'EDT'  en la línea: - buscar la hora
del este... print(line)<BR>Nov. 25, 09:43:32 PM EST
>>> import smtplib
>>>  server á smtplib. SMTP('localhost')
>>>  server.sendmail('soothsayer@example.org',
'jcaesar@example.org',
... """Para: jcaesar@example.org
... Desde: soothsayer@example.org
...
...  Cuidado con los ides de marzo.
```

```
>>> server.quit()
```

Los módulos más simples son el urllib.request para manipular la URL y smtplib para enviar los correos electrónicos.

Las fechas y los horarios

Los módulos implicados aquí funcionan de manera simple y compleja dependiendo de las clases a las que pertenecen. Los módulos funcionan en parte como aritmético y admiten los objetos basados en zona horaria.

```
>>> #The fechas se pueden construir, modificar y formatear
fácilmente >>> a partir de la fecha
de importación de fecha y hora>>> ahora á date.today()
> >> nowdatetime.date(2013, 02,2 2)
>>> now.strftime("%m-%d-%y. %d %b %Y es un %A en
el %d día de %B.")' 12-02-03. 22 Feb 2013 es un miércoles
el 03 día de febrero.'
>>> - Fechas de soporte calendario aritmético
>>> cumpleaños - fecha (1963, 8, 3)
>>> edad ahora - cumpleaños
> >> age.days14365
```

La compresión de datos

Los módulos se utilizan principalmente para fines de archivado de datos y formatos que comprimen como bz2, tarfile, lzma, zipfile, zlib y gzip;

```
>>> importar
zlib>>> s á b'bruja que tiene qué reloj
```

de pulsera de brujas'>>> len(s)41
>>> t á zlib.compress(s)
> >> len(t)37
>>> zlib.decompress(t)b'witch que tiene qué reloj de pulsera de brujas'
>>> zlib.crc32(s)226805979

Los módulos de control de calidad

Las mejores medidas a tomar mientras se desarrolla software de alta calidad y precisa es escribir y realizar pruebas para todas y cada una de las funciones que se han desarrollado en ese programa. También se supone que debe ejecutar los exámenes con frecuencia durante las etapas de desarrollo hasta que termine la parte de codificación.

Los módulos como el doctest son muy buenos para analizar la Docstring. Esta medida mejora la calidad del programa de software, así como la parte de documentación del programa en ejecución;

```
def average(values):
"""Realiza el cálculo de la media aritmética de una lista de números.
 >>> print(average([30, 40, 80]))
40.0
"""
return  sum(values) / len(values)
importdoctest
doctest.testmod() #Esto logrará automáticamente la validación de las pruebas incrustadas
```

El otro módulo adecuado para el control de calidad es el módulo unittest. Esta es una prueba más completa que lo hace por separado y guarda una copia de la prueba;

clase de
prueba unitariaTestStatisticalFunctions(unittest. TestCase):
def test_average(self):self.assertEqual(average([30, 40, 80]),
50.0)self.assertEqual(round(average([2, 6, 8]), 1), 4.3)
with self.assertRaises(ZeroDivisionError):average([ ])
con self.assertRaises(TypeError):average(30, 40,
80)unittest.main() - Llamar desde la línea de comandos
invoca todas las pruebas

El diseño del registro de datos binarios

En esta sección, el módulo struct se utiliza para proporcionar las
funciones pack () y unpack() que funcionan con los formatos
binarios de longitud variable. El siguiente ies un buen ejemplo que
muestra el archivo ZIP;

```
estructura de importacióncon open('The file.zip', 'rb')  como
f:data á f.read()start á 0
para i in range(3):
start +- 15campos á struct.unpack('<IIIHH',
data[start:start+17])crc32, comp_size, uncomp_size,
filenamesize, extra_size á fieldsstart + ? 17filename ?
data[start:start+filenamesize]start +- filenamesizeextra ?
data[start:start+extra_ size]print(filename, hex(crc32),
comp_size, uncomp_size)start +, extra_size + comp_size -
Esto se saltará al siguiente encabezado
```

Asignaciones

1. Investigue y descubra sobre multithreading y, por lo tanto,
   analice el siguiente código;

```
importar subprocesos,  clase zipfile
XsyncZip(threading. Thread):
```

```
def __init__(self, infile, outfile):threading.
Thread.__init__(self)self.infile ? infileself.outfile ? outfile
def run(self):f ? zipfile. ZipFile(self.outfile, 'w', zipfile.
ZIP_DEFLATED)f.write(self.infile)f.close()print('Finished
background zip of:', self.infile)background ?
AsyncZip('mydata.txt', 'myarchive.zip')background.start('El
programa principal continúa ejecutándose en el primer
plano.') background.join() - Esperando aque la tarea en
segundo plano termine
print('Programa principal esperó hasta que se haya hecho el
fondo.')
```

2. Investigar y encontrar acerca de las referencias débiles en el lenguaje de programación python y analizar el bacalaoe abajo;

```
>>> importar weakref, gc
>>> clase X:
... def __init__(self, value):
... self.value á valor
... def __repr__ (auto):
... devolver str(self.value)
...
 >>> x á X(10) - crear una referencia
>>> d - weakref. WeakValueDictionary()
>>> d['primary'] - un #ESTO no creará una referencia
>>> d['primary'] - la obtención del objeto se realiza si
todavía está vivo
10
>>> del x  - eliminación de la única referencia
>>> gc.collect() - ejecución de la recolección de basura de
inmediato
0
>>> d['primary'] - la entrada se eliminó inicialmente
```

automáticamente

Traceback (la última llamada más reciente):Archivo "<stdin>", línea 1, en <módulo>d['primary'] ? la entrada se eliminó automáticamente

Archivo "C:/python36/lib/weakref.py", línea 46, en __getitem__o de datos de auto.data[key]()KeyError: 'primary'

EL ENTORNO VIRTUAL

Introducción

La creación del entorno virtual es esencial para situaciones en las que el lenguaje de programación python quiere externalizar alguna ayuda para resolver un problema.

Un entorno virtual se puede describir como una plataforma independiente que contiene una instalación de Python para cualquier versión de python, así como un buen número de paquetes adicionales. Es importante tener en cuenta que se utilizan diferentes entornos para diferentes aplicaciones.

Creación de un entorno virtual

El módulo que participa en la creación y gestión del entorno virtual se conoce como "venv". Este módulo es responsable de la instalación de la versión más actualizada de la pitón disponible. Al crear un entorno virtual, se supone que debe seleccionar un directorio y una versión adecuados de python. Después de una selección adecuada, se supone que debe ejecutar el módulo venv como se muestra a continuación;

python3 -m venv tutorial-env

Una vez creado el entorno virtual, se le pedirá que lo active en su sistema operativo. Después de que se realiza la activación, el símbolo del sistema de python shell cambiará y se actualizará como se muestra a continuación;

```
$ source /envs/tutorial-env/bin/activate(tutorial-env) $
pythonPython 3.5.1 (predeterminado, 6 de junio de 2019,
11:59:38)... >>> importar sys>>> sys.path['',
'/usr/local/lib/python35.zip', ...,'/envs/tutorial-
env/lib/python3.5/site-packages']>>>
```

CAPÍTULO 12

CONCLUSION Y RECONOCIMIENTO

Felicidades por terminar este libro, espero que haya sido capaz de equiparte con las habilidades esenciales y el conocimiento fundamental para explorar y aprovechar las poderosas características de Python como lenguaje de programación. Para cuando termine de leer el libro, estoy seguro de que estará preparado para poner sus conocimientos básicos de programación a los usos prácticos de todos los días. El siguiente paso es tomar cursos avanzados de programación de Python que le ayudarán a crear programas más complejos como juegos, aplicaciones web y herramientas de productividad. Por último, si te ha gustado este libro, por favor tómate el tiempo para compartir tus pensamientos y publicar una reseña positiva en Amazon. ¡Sería muy apreciado! ¡Gracias y buena suerte!

Trabajar en Python puede ser uno de los mejores lenguajes de programación para que usted elija. Es fácil de usar incluso para el principiante, pero tiene el poder adecuado detrás de él para que sea un gran lenguaje de programación, incluso si usted es más de un programador avanzado en el proceso. Hay tantas cosas que puedes hacer con el programa Python, y como eres capaz de mezclarlo con algunos de los otros lenguajes de programación, no hay casi nada que no puedas hacer con Python de tu lado. No es un problema si usted está realmente limitado en lo que es capaz de hacer cuando se utiliza un lenguaje de programación. Python es una gran manera de usar con el fin de familiarizarse y hacer algunas cosas realmente increíbles sin tener que asustarse de cómo se verá todo el código. Para algunas personas, la mitad del miedo a usar un lenguaje de programación es el hecho de que es difícil de ver con todos los corchetes y los otros temas. Pero esto no es un problema cuando se trata de usar Python porque el lenguaje se ha limpiado para ayudar a todos a leerlo y mirarlo juntos. Esta guía va a tener todas las herramientas que necesita para golpear las partes más avanzadas de Python. Ya sea que estés mirando este libro porque tienes un poco de experiencia usando Python y quieres hacer algunas cosas que son más avanzadas, o estás empezando como un principiante, estás seguro de encontrar las respuestas que necesitas en poco tiempo. Así que mira esta guía y descubre todo lo que necesitas saber para obtener algunos códigos geniales mientras usas la programación de Python.

Por último, quisiera instarles a que sigan practicando los ejercicios del libro, así como a elaborar las asignaciones que se han dado en el libro.

¿Qué sigue después de este libro?

Es posible que te quedes varado en el siguiente paso a seguir después de agotar el estudio de este libro. Quiero asegurarles que usted tiene la mejor base de la ingeniería de software, por lo tanto, usted es bueno para desarrollarse aún más. También me gustaría prescribirles los siguientes consejos;

❖ **Elija un lenguaje de programación con un marco o plataforma correspondiente.** Un buen ejemplo de ello es el que tenemos estudios en el libro de la plataforma de C y Dot Net. Otras plataformas incluyen; Lenguaje Java con Java EE, PHP con CakePHP, Ruby with Rails y muchos otros. no se sienten vinculados al lenguaje de programación de C- ; también puede explorar otros lenguajes de programación.

❖ **Encuentre recursos y libros sobre bases de datos**. Esto le permitirá crear aplicaciones complejas mediante tablas y relaciones. Conozca las consultas, Oracle, MySQL y las tecnologías ORM.